Mark Zahel

Berchtesgadener Alpen

mit Loferer und Leoganger Steinbergen

BRUCKMANN

Die Reste der Übergossenen Alm am Hochkönig

Inhalt

Blick vom Karkopf über Lattengebirgs-kamm bis zum Hoch-kalter

Ungewohnte Watzmann-Ansicht von Süden

Der Untersberg

Vorwort

Bereits die frühen Reiseschriftsteller überschlugen sich förmlich in Superlativen, wenn sie von den Bergen rund um Berchtesgaden berichteten. Da war vom »Yellowstone-Park der deutschen Alpen« die Rede oder gar von einer der »schönsten Gegenden der Erde«. Übertriebene Schwärmerei oder einfach der unbedarfte Versuch, in Worte zu fassen, was sich eigentlich kaum in Worte fassen lässt? Die landschaftliche Pracht, allein schon durch das große topografische Gefüge der verschiedenen Gebirgsstöcke, mehr noch durch ihre Strukturen im Detail, sucht wirklich seinesgleichen! Für mich persönlich hieß es jüngst »zurück zu den Wurzeln«, als ich im Rahmen der Erkundungen für diesen Führer wieder einmal ausgiebigst in dem Bergsteiger-Traumland der Berchtesgadener Alpen unterwegs sein konnte. Dazu muss ich vorausschicken, dass meine erste Begegnung mit der alpinen Bergwelt einst genau hier, rund um Watzmann & Co., stattgefunden hat. Es waren damals zwar »nur« leichte Wanderungen, die aber wohl doch höchst geeignet waren, eine große Leidenschaft zu entfachen. Wenn ich gewusst hätte, wie sich mein Leben dadurch verändern würde ...

Eine nutzerorientierte Konzeption war die Leitlinie für diesen Führer – mit wirklich präzisen, nicht zu oberflächlichen Tourenbeschreibungen (die sich im Übrigen samt und sonders auf eigene Recherchen stützen), aber möglichst ohne unnötigen Ballast. So stellt die gebotene Tourenauswahl für die Hauptzielgruppe der ambitionierten Alpinwanderer und Normalbergsteiger eine echte Fundgrube dar. Sie ist so dicht und umfangreich, dass neben allen »klassischen« Bergtouren auch zahlreiche weniger bekannte, die es mir wert scheinen, ausprobiert zu werden, vertreten sind. Rigoros verzichtet wurde dafür auf anspruchsvollere Klettereien sowie auf leichtere, talnahe Wanderungen und Spaziergänge (hierfür gibt es ja schon reichlich Literatur). Über die Berchtesgadener Alpen hinaus werden außerdem die Loferer und Leoganger Steinberge beschrieben – Gebiete, die ja nicht gerade zu den Publikumsmagneten zählen und doch ungeahnte (Erlebnis-) Schätze bergen. Aufgrund ihrer Eigenart passen sie auch sehr gut dazu. Mit diesem Konzept schließt der Führer fraglos eine Lücke.

Bei jeder Tour werden in einem Kasten die Kernmerkmale kompakt zusammengestellt, optisch unterstützt durch Randsymbole. Der Haupttext geht zunächst charakterisierend auf Besonderheiten ein und liefert dann eine detaillierte Routenbeschreibung. Tipp-Kästen geben darüber hinaus wertvolle Hinweise zu Varianten, Kombinationsmöglichkeiten und dergleichen mehr. Mit einem neu entwickelten, differenzierten Bewertungsmodell der Anforderungen soll eine hohe Nutzerfreundlichkeit erreicht werden, denn ein Führer wird ja in erster Linie als objektiver Ratgeber gesehen. Und doch wäre es in meinen Augen kein guter, moderner Führer, wenn er nicht auch hier und da über den Tellerrand von Gehzeiten, Höhenmetern und Schwierigkeitsangaben hinausblicken und eine persönliche Note tragen würde.

Herbststimmung in der Ramsau mit Blick zum Watzmann

Wenn mir diese »Gratwanderung« gelungen ist, sehe ich meine Aufgabe erfüllt – eine spannende Aufgabe, der ich mich mit Freude und Enthusiasmus gewidmet habe. Das Schönste an allem waren aber die vielen intensiven Erlebnisse in den Bergen rund um Berchtesgaden, die mir Tag für Tag die Großartigkeit dieser Landschaft vor Augen geführt haben und eine tiefe Verbundenheit entstehen ließen. Mehr kann man sich vom Bergsteigen nicht wünschen.

Mark Zahel

Geografische Einführung

Die Berchtesgadener Alpen wie auch die westlich angrenzenden Loferer und Leoganger Steinberge sind alpingeografisch ein Teil der Nördlichen Kalkalpen. Sie liegen mit dem Berchtesgadener Land im äußersten Südostzipfel Bayerns, sonst im österreichischen Bundesland Salzburg und zu einem geringen Teil (westliche Loferer Steinberge) in Tirol. Aufgrund ihrer topografischen Struktur, die hauptsächlich kompakte, isoliert stehende Bergstöcke zur Ausbildung gebracht hat, lässt sich innerhalb des Gebiets eine klare Gliederung vornehmen, auf deren Grundlage dieser Führer aufgebaut ist. So werden die Berchtesgadener Alpen in folgende neun Berggruppen unterteilt: Untersberg, Lattengebirge, Reiteralpe, Göllstock, Hagengebirge, Watzmann, Hochkaltergruppe, Steinernes Meer und Hochkönig. Dazu kommt das Gebiet der Steinberge, getrennt in die Loferer und Leoganger. Jede dieser Gruppen wird vor den jeweiligen Touren mit einer ausführlichen Charakterisierung eingeführt.

Umrahmt werden die Berchtesgadener Alpen von den Flussläufen der Saalach im Westen sowie der Salzach im Osten, an der Südgrenze abgeschnitten durch den Verlauf der Hochkönig-Bundesstraße.

Da im Salzburgischen der Begriff der »Gaue« gebräuchlich ist, sollen hier der Pinzgau (mit den wichtigsten Orten Lofer, Weißbach, Saalfelden und Maria Alm), der Pongau (Mühlbach, Bischofshofen und Werfen) sowie der Tennengau (Golling und Hal-

St. Bartholomä am Königssee

lein) Erwähnung finden. Im Bayerischen ist Berchtesgaden (mit den Nachbargemeinden Ramsau, Schönau am Königssee, Bischofswiesen und Marktschellenberg) das geografische und touristische Zentrum. Am nördlichen Rand gehört noch die Kurstadt Bad Reichenhall (einschließlich Bayerisch Gmain) zur Region. Die Steinberge werden wiederum eingefasst vom Pinzgauer Saalachtal zwischen Saalfelden und Lofer, dem Pillerseetal (Waidring, St. Ulrich und Fieberbrunn) sowie dem Leoganger Tal.

Am Dritten Watzmannkind

Für Bergsteiger und Wanderer besitzen das engere Berchtesgadener Land sowie diverse Ausgangspunkte im Süden von Hochkönig und Steinernem Meer die größte Bedeutung. Auf der Ostseite geht es trotz der nahen Tauernautobahn deutlich ruhiger zu, zeigt sich namentlich das Hagengebirge wandertechnisch freilich auch weit weniger erschlossen als etwa die Gegend um den Königssee. Generell ist zu sagen, dass in unserer Region zwischen weltberühmten Destinationen und unbeachtetem »Niemandsland« praktisch alles vertreten ist, was den individuellen Gestaltungswünschen der Bergfreunde natürlich sehr entgegenkommt. Im Rahmen der Tourenauswahl ist auf diesen Aspekt in hohem Maße eingegangen worden.

Tipp

Für eine Recherche im Internet eignen sich als Einstiegsseiten:

www.berchtesgadenerland.info
www.tiscover.at

Für allgemeine touristische Informationen kontaktiere man die Tourismusbüros der verschiedenen Orte; dazu die folgende Übersicht:
D-83435 Bad Reichenhall, Tel. 08651/60 60
D-83471 Berchtesgaden, Tel. 08652/944 53 00
D-83471 Schönau am Königssee, Tel. 08652/17 60
D-83483 Bischofswiesen, Tel. 08652/97 72 20
D-83486 Ramsau, Tel. 08657/98 89 20
D-83487 Marktschellenberg, Tel. 08650/194 33
A-5440 Golling, Tel. 06244/43 56
A-5450 Werfen, Tel. 06468/53 88
A-5500 Bischofshofen, Tel. 06462/24 71
A-5505 Mühlbach am Hochkönig, Tel. 06467/72 35
A-5652 Dienten, Tel. 06461/263
A-5761 Maria Alm, Tel. 06584/78 16
A-5760 Saalfelden, Tel. 06582/706 60
A-5771 Leogang, Tel. 06583/82 34
A-5090 Lofer, Tel. 06588/832 10
A-6384 Waidring, Tel. 05353/52 42

Öffentliche Verkehrsmittel

Verkehrstechnisch ist die Region insgesamt sehr gut erreichbar. Mit der Bahn gelangt man bequem nach Bad Reichenhall und Berchtesgaden sowie über Salzburg in den Tennen- und Pongau. Auch Saalfelden bzw. Leogang besitzen Bahnanschluss. Im Berchtesgadener Land betreibt der Regionalverkehr Oberbayern (RVO) ein gut ausgebautes Liniennetz, welches selbst talfernere Tourenausgangspunkte wie Hinterbrand oder Hirschbichl bedient. Von großer Bedeutung ist diesbezüglich auch die Königssee-Schifffahrt mit ihren Anlegestellen Kessel, St. Bartholomä und Salet. Im österreichischen Teil sind die Fahrpläne der Postbusse zum Teil nicht ganz so dicht. Dennoch kann man auch hier meist problemlos Touren mit unterschiedlichem Start- und Zielort angehen; nur vereinzelte, abseits der Hauptverbindungsrouten gelegene Punkte sind nicht ans öffentliche Verkehrsnetz angeschlossen. Für Überschreitungen zwischen Bayern und Österreich bedenke man aber, dass die Rückreise eventuell etwas umständlich werden kann (Infos unter www.rvo-bus.de und www.postbus.at).

Geologische Besonderheiten

Da jeder Bergsteiger zwangsläufig in unmittelbaren Kontakt mit dem Fels tritt, ist ein Blick auf geologische Zusammenhänge stets aufschlussreich. Natürlich können hier nur einige Streiflichter aufgezeigt werden. In den Berchtesgadener Alpen und den Steinbergen überwiegen zwei Gesteinsarten, deren typische Beschaffenheiten uns auf Touren immer wieder beschäftigen. Zum einen ist es der so genannte Ramsaudolomit, ein sehr brüchiges, verwitterungsanfälliges Gestein, das bizarre Formen und beachtliche Schuttmassen am Fuß der Berge hervorbringt. Als Musterbeispiel wird zu Recht immer wieder die eindrucksvolle Landschaft im Wimbachtal angeführt. Bei den höheren Bergen ist der Ramsaudolomit meist im Sockelbereich anzutreffen. Dagegen baut der manchmal bis zu 1000 Meter mächtige Dachsteinkalk in der Regel die Gipfellagen auf. Dieses zweite charakteristische Gestein ist in seiner Grundsubstanz fest und kommt nochmals in zwei verschiedenen Ausprägungen vor: einerseits als gebankter Dachsteinkalk – erkennbar an den auffälligen Bändern, wie sie etwa die Watzmann-Ostwand durchziehen –, zum anderen in der massigen Form, wie man es beispielsweise am Göllstock sehen kann. Sämtliche Gesteine sind einst als Sedimente am Meeresboden abgelagert worden, wobei wir mit dem Wort »einst« in eine Zeit vor rund 200 Millionen Jahren, also bis in die geologische Epoche der Trias zurückgehen müssen. Gewaltige tektonische Prozesse (vereinfacht ausgedrückt: die Kontinentalplattenkollision zwischen Afrika und Europa) leiteten anschließend die eigentliche Gebirgsbildung ein. Die Vorgänge verliefen im Detail sehr kompliziert, führten aber unter anderem zu dem Ergebnis, dass die heutigen Nördlichen Kalkalpen an die 1000 Kilometer (!) nach Norden bis an Ort und Stelle transportiert, sprich überschoben wurden. Erst im jüngeren Tertiär setzte dann die Heraushebung und Auffaltung zum richtigen Gebirge ein, das man sich jedoch zunächst einmal als konturarmes Hochland vorzustellen hat. Das heutige Landschaftsbild ergab sich nämlich erst mittels Überprägung durch die Abtragungskräfte. An vorhandenen Bruch- und Schwächezonen setzte die Erosion bevorzugt an und arbeitete nach und nach jenes markante Relief heraus, das wir als erdgeschichtliche Momentaufnahme so bewundern: tiefe Täler und schroffe, kantige Gipfel. Besonderer Anteil an der Landschaftsformung kam dabei den mächtigen eiszeitlichen Gletschern zu, die beispielsweise auch die Königsseefurche ausschürften. Aber nicht nur von außen wird das Gebirge angegriffen, auch aus seinem Innern heraus finden fortwährend Auflösungsprozesse statt. Diesen Vorgang der chemischen Verwitterung, der in der Löslichkeit des Kalkgesteins begründet liegt, nennt man Verkarstung. Sie ist gerade für unser Gebiet von enormer Bedeutung, wie etwa am Steinernen Meer, am Hagengebirge oder am Untersberg gut zu erkennen ist. Zu den bemerkenswertesten Verwitterungsformen gehören sicherlich Klammen und Höhlen. Von Ersteren gibt es in der Region eine Hand voll (z. B. Wimbach-, Almbach-, Seisenberg- oder Vorderkaserklamm, die sich auch besichtigen lassen), von Letzteren geradezu unzählige, wenn man bedenkt, dass die verkarsteten Bergstöcke durchlöchert sind wie ein Schweizer Käse.

Nationalpark Berchtesgaden

Gämsen gehören zur Hochgebirgsfauna, die im Nationalpark heimisch ist

Ist von den Berchtesgadener Alpen die Rede, so müssen unbedingt auch ein paar Worte zum Nationalpark fallen. Nachdem mit fragwürdigen Projekten wie einer einst angedachten Watzmann-Seilbahn der Druck der Tourismus-Industrie ständig angewachsen war, keimte im Gegenzug die Idee auf, die großartige Urlandschaft im Herzen der Berchtesgadener Alpen mitsamt ihrer reichen Tier- und Pflanzenwelt unter besonderen Schutz zu stellen. Ein Naturschutzgebiet hatte es rund um den Königssee zwar schon vorher gegeben, doch im Jahr 1978 gelang der große Durchbruch mit der Ausweisung von rund 210 Quadratkilome-

tern zum Nationalpark und damit zur höchsten Schutzstufe, die wir kennen. Der Nationalpark Berchtesgaden konzentriert sich geografisch ausschließlich auf Bayern und umfasst die tiefen Täler des Klausbachs, Wimbachs und Königssees sowie die sie umrahmenden Berge mit dem Watzmann im Mittelpunkt. Rund zwei Drittel gehören zur Kernzone, in der die Natur weitestgehend sich selbst überlassen bleiben soll. Eine Ausdehnung auf die direkt angrenzenden Gebiete in Österreich stand immer wieder in der Diskussion, dürfte in absehbarer Zeit aber wohl nicht realisiert werden. Immerhin existiert auf der Salzburger Seite das flächenmäßig umfangreiche Naturschutzgebiet Kalkhochalpen, in dem Jagdinteressen zum Teil erhebliches Gewicht besitzen.
Obwohl eines der vorrangigen Ziele des Nationalparks die Rückführung in vom Menschen unbeeinflusste, eigendynamisch gesteuerte ökologische Prozesse ist, kann man bei weitem nicht nur von reiner Wildnis sprechen. Auch die Einbindung der traditionellen Kulturlandschaft, etwa der Almen, spielt eine wichtige Rolle. Auch wenn viele der alten Almgebiete mittlerweile aufgelassen sind (besonders die abgelegenen, schwer zugänglichen), werden noch immer weite Areale auf diese Weise genutzt. Etliche Almen besitzen heute zusätzlich eine touristische Funktion als beliebte Anlaufziele für Wanderer. In diesem Sinne muss gesagt werden, dass neben Naturschutz, Pflege des kulturellen Erbes, Forschung und Bildung auch die Erholung des Menschen ein wichtiges Kriterium für den Nationalpark ist. Ein naturverträglicher Tourismus, dessen Grundlage Zu-Fuß-Aktivitäten wie Wandern und Bergsteigen sowie das daraus resultierende Erleben sind, ist also höchst erwünscht. Mehr Infos unter www.nationalpark-berchtesgaden.de.

Klimatische Bedingungen und beste Tourenzeit

Zum Leidwesen für uns Bergsteiger muss eines gleich deutlich festgestellt werden: Die Region ist sicher nicht für ausnehmend schönes Wetter berühmt. Da sie im nordalpinen Staubereich liegt, wird es besonders bei feuchtegeladenen atlantischen Tiefs, die den Weg über Mitteleuropa eingeschlagen haben, recht ungemütlich. Hohe Niederschlagsmengen von zum Teil über 2000 Millimeter pro Jahr kennzeichnen die Bergregionen. Mit Durchzug einer Störung und Winddrehung von West auf Nord ist nicht selten ein drastisches Absinken der Schneefallgrenze verbunden, was für den Bergsteiger auch im Sommer ganz erhebliche Probleme mit sich bringen kann. Andererseits ist auch der Föhn ein häufiger Gast, vor allem im Herbst. Die Temperaturen sind dann sehr mild (mit Ausnahme der Hochlagen, wo ein starker, böiger Südwind wehen kann) und die Fernsicht ist ausgezeichnet. Man verfolge in solchen Fällen aber aufmerksam die Entwicklung, denn sobald der Föhn zusammenbricht, ist es mit den guten Tourenbedingungen schlagartig vorbei.

Die beste Jahreszeit für bestimmte Unternehmungen ist in erster Linie abhängig von der Höhenlage sowie der Exposition (oft große Unterschiede zwischen Nord- und Südseiten). Für die Hochalpen kann grob die Spanne von Juli bis September angegeben werden, bei gutem Wetter im Herbst freilich auch noch im Oktober bis zum Einschneien. Für tiefer gelegene Touren dehnt sich die Zeit nach vorn und hinten aus. Bis in den Hochsommer hinein bekommt man es mancherorts mit tückischen Altschneefeldern zu tun. Die oftmals gemachte Aussage, das Wetter sei zum Spätsommer und Herbst hin besser als in der ersten Sommerhälfte, möchte der Verfasser nicht ganz vorbehaltlos unterschreiben. Sicher nimmt die Gewittergefahr tendenziell deutlich ab, Tage mit guter Fernsicht werden häufiger und statistisch gesehen mögen auch die Chancen für eine stabile Hochdrucklage steigen. Das kann aber von Jahr zu Jahr stark variieren.

Karten

- Bayerisches Landesvermessungsamt: Blätter UK 25–1 »Nationalpark Berchtesgaden« (1:25 000) und UK L4 »Berchtesgadener Alpen« (1:50 000)
- Alpenvereinskarte: Blätter 9 »Loferer und Leoganger Steinberge«, 10/1 »Steinernes Meer« und 10/2 »Hochkönig – Hagengebirge« (alle 1:25 000)
- freytag & berndt: Blätter 102 »Untersberg – Eisriesenwelt – Königssee«, 103 »Pongau – Hochkönig – Saalfelden« und 104 »Chiemgauer Alpen – Lofer – Leogang – Steinberge« (alle 1:50 000)
- Plenk-Verlag: Spezialkarte Berchtesgadener Alpen (1:40 000)

Piktogramme erleichtern den Überblick:

 Hüttenübernachtung möglich

 Hüttenübernachtung obligatorisch

W3 Schwierigkeit (siehe Modell zur Schwierigkeitsbewertung)

 Gehzeit in Std.

 Höhenunterschied
↑ bergauf
↓ bergab

Höhenangaben und Gehzeiten

Es ist eine bekannte Tatsache, dass die Höhenangaben je nach verwendeter Karte geringfügig differieren. Wichtiger für die Planung sind ohnehin die Auf- und Abstiegsmeter. Manchmal wundert man sich, in Publikationen solch »exakte« Angaben wie z. B. 1327 Hm zu lesen, was dann bei näherer Betrachtung genau der rechnerischen Differenz zwischen tiefstem und höchstem Punkt entspricht. Gerade in unserer Region stimmt das allerdings selten mit der Realität überein, weil Gegenan- und -abstiege damit einfach übergangen werden. Deshalb erscheinen in diesem Führer leicht gerundete Werte, die ein zwischenzeitliches Auf und Ab so gut es geht berücksichtigen.

Zu den angegebenen Gehzeiten ist zu bemerken, dass sie an einem durchschnittlich trainierten, jedoch erfahrenen Berggeher orientiert sind, der auch mit den Geländeschwierigkeiten zurechtkommt. Diese setzen keine übertrieben sportliche Gangart voraus, sind aber auch nicht zu großzügig bemessen. Die Pausen sind selbstverständlich nicht eingerechnet.

Da die tatsächlichen Begehungszeiten in der Praxis sehr stark variieren, sollte jeder seinen persönlichen Zeitmaßstab herausfinden. In jedem Fall ist es ratsam, seinem eigenen »Wohlfühltempo« zu vertrauen und nicht auf Teufel komm raus die angegebenen Gehzeiten einhalten zu wollen.

Herbststimmung im Hintereiskar

Modell zur Schwierigkeitsbewertung

Zu den Kernaufgaben eines Tourenführers gehören aussagekräftige Charakterisierungen und Bewertungen des Schwierigkeitsniveaus. Das hier verwendete Modell ist ein elementarer Bestandteil dieses Führers. Folgende Leitidee steckt dahinter: Während das Klettern schon seit jeher in allgemein gültige Schwierigkeitsgrade definiert wurde, fehlt beim Wandern und »Normalbergsteigen« noch immer ein anerkanntes Klassifizierungssystem. Die häufig praktizierte Einteilung in lediglich drei Stufen (leicht, mittel, schwierig oder zuweilen »farblich« als blau, rot und schwarz) ist eindeutig als zu grob anzusehen und sollte eigentlich der Vergangenheit angehören. Gerade die große Schar der ambitionierten Bergwanderer verlangt heutzutage nach einer anschaulichen und präzisen Bewertungsmethodik, die der Praxis in höherem Maße genügen soll, als dies bisher üblich war. Dafür müssen Touren untereinander in möglichst unkomplizierter Weise in Beziehung gesetzt werden, und zwar was deren Gesamtanforderungen angeht. So wäre es zum Beispiel zu kurz gegriffen, einfach nur den Schwierigkeitsgrad der Schlüsselstellen zu vergleichen. Da sich Normalbergsteiger ohnehin ausschließlich in den unteren Klettergraden (bis höchstens III), dafür umso häufiger auf markierten und gesicherten Steigen bewegen, sollte ein Bewertungsschema diesen speziellen Bedürfnissen angepasst sein.

Der Klettersteig am »Nackten Hund« in den Loferer Steinbergen (K5)

In dem hier verwendeten, innovativen Modell wird das Anforderungsprofil einer Tour mit einer kurzen, prägnanten Buchstaben-Ziffern-Kombination beschrieben. So wird zum einen die Charakterisierung als Wander, Fels-, Klettersteig- oder Eistour gegeben, zum anderen das Schwierigkeitsniveau anhand einer sechsteiligen Skala hinreichend differenziert eingestuft. Sicherlich wäre einzuwenden, dass all diese Spielformen jeweils andere Anforderungsschwerpunkte setzen und nur bedingt miteinander zu vergleichen sind. Das stimmt insofern, als dass sich jeder

Nutzer über seine individuellen Fähigkeiten klar sein muss und einschätzen können sollte, welches Niveau er im einzelnen zu bewältigen imstande ist. Wer beispielsweise in Turnübungen an Eisenteilen geübt ist, braucht es in »freiem« Alpingelände noch lange nicht zu sein. Es darf aber auch gesagt werden, dass es in der Praxis fließende Übergänge dieser Spielformen gibt und somit jede Spezialskala (wie sie verschiedentlich für Klettersteige, Hochtouren etc. in Gebrauch sind) noch rascher an Grenzen stößt.
Die folgenden Definitionen bilden das Grundgerüst des neuen, nutzerorientierten Bewertungsmodells – für einen effektiven Gebrauch sollte man sie sorgfältig studieren und verinnerlichen.
Die Charakterisierung einer Tour erfolgt in nachstehenden Kategorien, wobei Mischformen generell möglich sind (dabei steht der Hauptcharakter an erster Stelle):

W: Wandertour. Hierbei handelt es sich um technisch unschwieriges Gelände, d.h. es ist keine Kletterei (im Sinne der UIAA-Richtlinie) erforderlich. Meist bewegt man sich auf mehr oder weniger gut ausgebauten und markierten Wegen, wobei aber weder Trasse noch Markierung notwendige Bedingungen sind. So kann auch wegloses Gelände vorkommen, was tendenziell den Schwierigkeitsgrad erhöht.

F: Felstour. Steiles Fels- und/oder Schrofengelände erfordert (zumindest stellenweise) die Zuhilfenahme der Hände. Die Ausgesetztheit ist entsprechend größer als bei Wandertouren, der Schwierigkeitsgrad in der Regel höher. Die Einstufung in eine der Klassen steht in engem Zusammenhang mit der gebräuchlichen Kletterskala nach UIAA, wobei neben der Bewertung der Schlüsselstelle(n) auch der Gesamtanspruch einbezogen wird.

K: Klettersteig. Mit Drahtseilen sowie anderen Steig- und Kletterhilfen (Leitern, Trittstiften etc.) gesicherte Routen erlauben auch Nichtkletterern eine Fortbewegung in steilem Felsterrain, wobei die Anforderungen je nach Gelände, Ausgesetztheit und Art der Installationen sehr unterschiedlich sein können. Kommt häufig in Kombination mit »F« oder auch mit »W« vor, soll aber nicht übertrieben gebraucht werden, also beispielsweise nicht, wenn lediglich eine kurze Passage mit Drahtseil entschärft ist.

E: Eistour. Gletschergelände oder ausgedehnte Firnfelder (bei normalen sommerlichen Verhältnissen!) bedingen diese Einordnung. Die Skalierung richtet sich nach Faktoren wie Geländeneigung und Spaltenverhältnisse. Für das in diesem Führer behandelte Gebiet ist die Kategorie von untergeordneter Bedeutung, ganz im Gegensatz zu den vergletscherten Zentralalpen.

Was das eigentliche Schwierigkeitsniveau angeht, so ist die folgende sechsstufige Skala maßgebend (Zwischenwerte zur Feingliederung möglich):

1: Leichte Wanderwege, gut ausgebaut, durchgehend markiert und meist nur von mäßiger Steilheit. Es gibt keine speziellen Anforderungen an die Begeher.

2: Ebenfalls durchgehend trassierte und bezeichnete Wege, die allerdings oftmals schon steiler und schmaler sind. Obwohl es sich stets um unschwieriges Gelände handelt, ist Trittsicherheit bereits angenehm. Selbst wenig geübte Bergwanderer bewältigen dieses Niveau aber normalerweise noch ohne ernsthafte Probleme.

3: Die typische Klasse der (schon recht anspruchsvollen) Bergwege in hochalpinem Gelände. Oft sind diese weniger gut ausgebaut, ziemlich steil und holprig. Eventuell kommen auch unschwierige weglose Passagen (auch über Eis möglich) oder minimaler Felskontakt vor, nicht selten in Form von gesicherten Wegabschnitten oder Klettersteigen der leichtesten Kategorie. Meistens sind die Routen markiert, mitunter aber nur spärlich. In jedem Fall sind Trittsicherheit, Schwindelfreiheit und eine elementare Bergerfahrung bereits erforderlich.

4: Hier beginnen im Allgemeinen die schwerpunktmäßigen Felstouren, und zwar im untersten Schwierigkeitsgrad I nach der UIAA-Skala. Das bedeutet, dass die Hände zur Fortbewegung zum Einsatz kommen (leichteste Form des Kletterns). Von einem Weg kann jetzt nicht mehr die Rede sein, gleichwohl kann das Gelände Markierungen und/oder Spuren aufweisen. Anspruchsvollere gesicherte Steige bzw. Klettersteige von mäßiger bis mittlerer Schwierigkeit fallen ebenfalls in diese Klasse. Handelt es sich hingegen noch um Wandertouren, so ist das Terrain meist sehr heikel und abschüssig. Absolute Trittsicherheit und Schwindelfreiheit sind obligat; insgesamt ist eine solide Bergerfahrung und Vertrautheit mit hochalpinem Gelände notwendig.

5: Touren dieser Klasse sind in der Regel sehr ernsthafte Unternehmungen auf große Gipfel, die die Beherrschung des II. Schwierigkeitsgrades nach UIAA (Drei-Punkte-Haltung!) erfordern. Längeres konzentriertes Steigen in exponiertem Felsgelände ist charakteristisch, vor allem bei wenig frequentierten Touren ist gute Geländebeurteilung vonnöten. Auch bei Klettersteigen handelt es sich um gehobene Unternehmungen, die in gängigen Beschreibungen mindestens als »schwierig« eingestuft werden und die entsprechende Ausrüstung erforderlich machen. Für Gelegenheitsbergsteiger ist dieses Niveau bereits deutlich zu hoch.

6: Die höchste Stufe des »Normalbergsteigens« beinhaltet Touren, die Kletterschwierigkeiten bis zum III. Grad oder anhaltend im II. Grad bei diffizilen Begleiterscheinungen erreichen. Auch die anspruchsvollsten Klettersteige fallen in diese Klasse. Seilgebrauch (oder Selbstsicherung bei Klettersteigen) ist üblich. Generell bleiben solche Touren felstechnisch versierten Bergsteigern mit umfassender alpiner Erfahrung vorbehalten.

Ausgesetzte Kletterei in der Wieder-Route am Watzmann (F6)

Es sei ausdrücklich darauf hingewiesen, dass sich sämtliche Bewertungen auf günstige Verhältnisse beziehen. Sind diese nicht gegeben (z. B. wegen Schlechtwetter, Alt- oder Neuschnee), können sich die Schwierigkeiten beträchtlich und oft unkalkulierbar erhöhen. Weiters bleibt jede Einstufung trotz aller objektiven Kriterien ein subjektiver Vorgang, der sich auf praktische, das heißt ebenfalls subjektive Erfahrungen stützt. Immerhin ist eine hohe Vergleichbarkeit gewährleistet, da der Autor sämtliche Touren persönlich erkundet hat. In einer streng mathematischen Gleichung wird sich die Schwierigkeit jedenfalls nie berechnen lassen.

Lattengebirge

Das Lattengebirge gehört zu den nördlichsten und damit voralpinen Gebirgsstöcken der Berchtesgadener Alpen. Man trifft hier bis in die Gipfelregion auf mehr oder weniger dichte Vegetation – viel Wald an den Flanken sowie auf den westlichen Plateauflächen, ganz oben dann zumeist dichte Latschen. Doch zwischendrin zeigt sich auch schrofig-felsiges Terrain, besonders an den Nordseiten der bedeutendsten Gipfelerhebungen, als da wären Predigtstuhl, Hochschlegel, Karkopf und Dreisesselberg. Diese befinden sich allesamt im zum Reichenhaller Talkessel orientierten Bereich des Lattengebirges, der bergsteigerisch ergiebiger ist als der Südteil. Touristisch erschlossen wird das Gebiet in erster Linie durch die Predigtstuhlbahn, die seit 1928 technisch praktisch unverändert in Betrieb ist und Wanderer sowie Ausflügler in 8 ½ Minuten von Bad Reichenhall auf eine Höhe von rund 1600 Metern hievt. Abgesehen vom Predigtstuhl-Berghotel existieren keine bewirtschafteten Stützpunkte. Trotz der relativ geringen absoluten Höhe verdeutlichen die Unterschiede von zum Teil mehr als 1000 Metern zwischen Tal und Gipfeln, dass es sich bei Unternehmungen im Lattengebirge selten um Spaziergänge handelt. Auch wenn sich optisch keine so dramatische Umgebung wie z. B. am Watzmann auftut, sind die Anforderungen durchaus nicht gering zu schätzen.

Die wichtigsten Tourenziele sind die genannten, nahe beieinander liegenden Gipfelpunkte im Nordteil, die auf verschiedenen Wegen erreicht werden können, woraus sich wiederum ein recht umfangreiches Variationspotenzial ergibt. Der Klassiker unter den Nordanstiegen ist wohl der Alpgartensteig, der hier in Kombination mit der etwas abenteuerlichen Abstiegsroute via Spechtenköpfel empfohlen wird. Von Osten zieht ein interessanter Steig an den Rotofentürmen (im Volksmund unter der wirklich trefflichen Bezeichnung »Schlafende Hexe« geläufig) sowie der Steinernen Agnes vorbei und zum Dreisesselberg beziehungsweise Karkopf empor, während auf der Nordwestseite vor allem der steile Waxriessteig zu erwähnen ist. Damit lässt sich praktisch eine Überschreitung in Querrichtung ausführen. Die große Längsüberschreitung, die sich topografisch geradezu aufdrängt, ist hingegen bis heute ein echter »Geheimtipp« geblieben. Kein Wunder: Der weit nach Süden ausstreichende Kammzug über Törl- und Karschneid trägt keine ausgebaute Trasse, sondern allenfalls spärliche Steigspuren und ist ein Paradeangebot für alpine Pfadfinder, von denen es heutzutage nicht mehr allzu viele zu geben scheint. Genügend Spielraum ist jedenfalls auch im Lattengebirge geboten, das neben den großen Persönlichkeiten des Berchtesgadener Landes aus seinem Aschenputteldasein jedoch nur schwer zu befreien sein wird.

Schützenswertes Geotop: die Steinerne Agnes

1 Hochschlegel und Karkopf

Rundtour über Alpgartensteig und Spechtenköpfel

W3

7 Std.

↑↓ 1240 Hm

Charakter: Überwiegend kleine und oft steile Bergpfade, die absolute Schwindelfreiheit und Trittsicherheit erfordern. Am Alpgartensteig gesicherte Abschnitte; die Abstiegsroute ist über weite Strecken unbezeichnet. Recht beachtliches Tagesprogramm, wobei sich die Predigtstuhlbahn aber als unproblematische und stark verkürzende Alternative anbietet.
Bewertung: W3 für Auf- und Abstieg, wobei der Alpgartensteig aufgrund seiner gesicherten Passagen schon fast ein »WK« verdienen würde.
Ausgangspunkt: Parkplatz Wanderzentrum (ca. 570 m) am südlichen Ortsrand von Bayerisch Gmain; Bahn- und Busverbindung zwischen Bad Reichenhall und Berchtesgaden.
Höchster Punkt: Hochschlegel (1688 m); evtl. Karkopf (1738 m).
Hütten: Keine.
Gehzeiten: Bayerisch Gmain – Alpgartensteig – Hochschlegel 3 1/4 Std. – Abstecher Karkopf 3/4 Std. – Spechtenköpfel 1 Std. – Dötzenkopf – Bayerisch Gmain 2 Std.; insgesamt 6 1/4 – 7 Std.
Aufstiegsmeter: Bayerisch Gmain – Hochschlegel 1120 Hm – Karkopf 70 Hm – Spechtenköpfel – Bayerisch Gmain 50 Hm.
Skizze: Siehe Seite 27.

Auf seinen Nordrouten beweist das Lattengebirge durchaus alpinen Charakter. Verwitterungsanfälliger Ramsaudolomit sorgt für tief eingerissene Runsen und Tobel, von denen die schauerliche Alpgartenrinne ein Musterbeispiel ist. In ihrer unmittelbaren Nähe führt eine beachtenswerte Steiganlage, die zwischenzeitlich schon fast Klettersteigcharakter besitzt, zur Gipfeletage hinauf. Kombiniert werden kann dieser wildromantische Alpgartensteig mit der beinahe noch abenteuerlicheren Route via Spechtenköpfel, die nicht als offizieller Wanderweg unterhalten wird. Trotz durchgehender Pfadspur kann sie nur versierten Bergwanderern ans Herz gelegt werden. Doch gerade auf dieser Abstiegsvariante erhascht man fortwährend herrliche Ausblicke über den Reichenhaller Talkessel mit der Kulisse von Hochstaufen und Zwiesel im Hintergrund. Was die eigentlichen Gipfel angeht, so ist das direkte Ziel, der Hochschlegel, durch einen im Winter betriebenen Sessellift leider ein wenig verunziert. Deshalb lohnt sich der nicht allzu aufwändige Abstecher zum Karkopf, immerhin der Kulminationspunkt des ganzen Lattengebirges.

Tiefblick vom Spechtenköpfel auf Bad Reichenhall

1

Aufstieg: Vom Wanderparkplatz nach Markierung 477 zunächst auf breitem Weg aufwärts, dabei mehrere Abzweigungen passierend. In einer Linkskurve folgen wir einem kleineren Steig, der vorerst noch weiter oberhalb des Wappbachs entlangführt. Über einen bewaldeten Rücken zwischen zwei Grabeneinschnitten geht es bald steiler aufwärts zur Waldgrenze. Zur Linken tut sich die tiefe Alpgartenrinne auf, an deren Begrenzung wir nun über eine – wo das Terrain schwieriger ist – mit Leitern, Stiegen und Drahtseilen ausgebaute Steiganlage höher gelangen. Die Brüchigkeit erheischt aufmerksames Steigen. Oberhalb der anspruchsvolleren Passagen nach rechts, wo nach einer Querung der breit angelegte Steig aus der Schlegelmulde bzw. vom Predigtstuhl heraufkommt. Auf ihm in einigen Kehren zum Hochschlegel (1688 m). Richtung Karkopf folgt man dem Steig weiter, umgeht mit leichtem Höhenverlust die Zwischenerhebung namens Schreck und gelangt von der Abzweigung zum Dreisesselberg durch Latschengassen zum höchsten Punkt des Lattengebirges.

Abstieg: Vom Hochschlegel in Kehren zur Schlegelmulde (Jausenstation) hinab. Während der Hauptweg weiter zur Predigtstuhl-Bergstation führt und links der Waxriessteig ausgewiesen wird, geht rechts eine unbezeichnete Steigspur weg, die laut Hinweisschild nicht unterhalten wird. Sie ist für den Trittsicheren aber ohne Weiteres gangbar. Auf abschüssigem, jedoch stets deutlichem Pfad in einer nach links ziehenden Abwärtstraverse durch die schrofigen, teils mit Latschen und Erlen bestandenen Hänge. Man gelangt auf die Gratrippe, die zum Spechtenköpfel (1285 m) leitet. Der Steig umgeht den kreuzgeschmückten Aussichtspunkt; von oben wie von unten kommend zweigt aber jeweils ein wurzeliger Pfad ab (ohne Hinweis). Nach Überschreitung des Spechtenköpfels um den vorspringenden Gratausläufer herum und in bewaldetem Terrain steil abwärts. Bei einer ebenfalls nicht beschilderten Verzweigung hält man sich rechts und gelangt kurz darauf auf einen besser ausgebauten Steig. Nun wird nach rechts ein großer Grabeneinschnitt ausgegangen (kurzer Gegenanstieg), ehe man auf der gegenüberliegenden Seite den aussichtsreichen Dötzenkopf (1001 m) erreicht. Von dort zurück ins Tal des Wappbachs und jenseits des Gewässers zum Ausgangspunkt.

Tipp

Abstieg vom Karkopf auch über Dreisesselberg und Eichelberg möglich; etwa 2 ½ Std.

2 Steinerne Agnes – Karkopf – Waxriessteig

Quer über das Lattengebirge

W2–3

7 ½ Std.

↑1150 Hm
↓1370 Hm

Charakter: Markierte Bergwege, die teilweise steil angelegt sind und Trittsicherheit verlangen (besonders am Waxriessteig). Rutschig und ziemlich heikel bei Nässe. Insgesamt lange, anstrengende Überschreitung, die aber durch die Seilbahn notfalls abgekürzt werden kann.
Bewertung: Überwiegend W2, am Waxriessteig stellenweise eine Spur schwieriger (W2–3).
Ausgangspunkt: Parkplatz knapp südlich des ehemaligen Bahnhofs Hallthurm (ca. 690 m).
Endpunkt: Saalachsee/Bad Reichenhall (472 m); Busverbindung zurück nach Hallthurm.
Höchster Punkt: Karkopf (1738 m).
Hütten: Keine am Weg; in der Nähe steht das Predigtstuhl-Berghotel.
Gehzeiten: Hallthurm – Steinerne Agnes 2 ½ Std. – Dreisesselberg 1 ½ Std. – Karkopf – Schlegelmulde 1 Std. – Waxriessteig – Bad Reichenhall 2 ½ Std.; insgesamt 7 ½ Std.
Aufstiegsmeter: Hallthurm – Steinerne Agnes 650 Hm – Karkopf 500 Hm.
Skizze: Siehe Seite 27.

Das Hauptmassiv des Lattengebirges, in dessen Mitte der Karkopf aufragt, kann von verschiedenen Seiten über teils steile Steige erreicht werden. Nach dem Alpgartensteig im vorherigen Kapitel soll hier eine Route vorgestellt werden, die den Bergstock von Ost nach West überschreitet. Im Aufstieg werden dabei zwei auffällige Fels- bzw. Geländeformationen passiert: zum einen der als »Schlafende Hexe« berühmt gewordene Ostausläufer des Lattengebirges mit den Rotofentürmen und ihren Trabanten (von Südosten gesehen ist die Ähnlichkeit wirklich verblüffend), zum anderen die nur wenige Meter große Steinerne Agnes als skurriles, sagenumwittertes Felsgebilde. Es ist aufgrund seiner geologischen Besonderheit jüngst als sehr schützenswertes Geotop ausgewiesen worden. Fernschau ist dann auf den Gipfelhöhen des Dreisesselberges, Karkopfes und Hochschlegels angesagt, ehe es auf der anderen Seite des Lattengebirges wieder bergab geht. Hier verblüfft der stille Waxriessteig mit urwüchsigen Szenerien und einer nicht zu unterschätzenden Steilheit.

Tipp

Vom Rotofensattel lohnt sich ein kleiner Gipfelabstecher auf den **Signalkopf (1393 m)**, der auch als »Bayerischer Löwe« bezeichnet wird. Es handelt sich um den Busen der Schlafenden Hexe, also zweifelsohne um ein besonders reizvolles Ziel. Ohne Hinweisschild folgt man dem ausgetretenen Steig anfangs noch durch Wald, dann über einen unangenehmen Hang an den Gipfelaufbau heran. Man traversiert längs eines ausgesetzten Bandes und kraxelt über Schrofen zur Spitze. F3–4 mit Stellen I; Trittsicherheit unerlässlich.

Aufstieg: Den Wegweisern »Karkopf/Dreisesselberg« und »Steinerne Agnes« folgend

2

zuerst auf einer Forststraße in südliche Richtung, dann nach rechts auf Steig 469 abzweigend. Dieser windet sich durch steilen Wald hinauf zum Rotofensattel (ca. 1300 m), wo wir uns unmittelbar am Hals der »Schlafenden Hexe« befinden. In leichtem Auf und Ab leitet der bei Nässe etwas glitschige Weg nun quer durch die bewaldeten Hänge, nimmt den geringfügig kürzeren Zustieg von Winkl (ca. 2 Std. über Steig 477) auf und führt bis unter die pilzförmige Steinerne Agnes unweit der Rotofen-Diensthütte. Einen Abstecher zu diesem sehenswerten Geotop (zuletzt sandige Rinne) sollten wir uns nicht entgehen lassen. Danach mit etwas Zwischenabstieg eine markante Runse querend und zu den Wiesen der ehemaligen Steinbergalm (1299 m). Die lange Traverse ist jetzt zu Ende, der Steig wendet sich wieder deutlich in die Höhe und gewinnt die Kammeinsenkung zwischen Dreisesselberg (1680 m) rechts und Karkopf (1738 m) links.

Der Große Rotofenturm im Massiv der »Schlafenden Hexe«

Abstieg: Nach Besteigung eines oder beider Gipfel um die Kuppe des Schreck herum zum Hochschlegel (1688 m) und zur Jausenstation in der Schlegelmulde hinab. Von dort ließe sich in wenigen Minuten die Predigtstuhlbahn erreichen. Links zweigt hingegen der Waxriessteig (Nr. 478) ab. Über die Untere Schlegelalm zum so genannten Gatterl, einer Geländeschwelle, wo der eigentliche Waxriessteig über den Steilabfall beginnt. Geschickt ins Gelände gelegt und mit Trittstufen ausgebaut, windet er sich meist durch dichteren Baumbestand, teils auch zwischen herausspitzenden Felsen hindurch abwärts. Immer wieder ergeben sich schöne Ausblicke über das Untere Saalachtal, das am Fuß der Bergflanke aufgestaut ist. Nach einigen lang gezogenen Kehren um ein Schutzwaldgebiet endet der Steig bei einem Parkplatz an der B 21, direkt am Ufer des blau-grünen Saalachsees (nach veränderter Routenführung im unteren Teil etwa 800 m weiter südlich als früher üblich). Dem Uferweg folgend gelangen wir schließlich nach Bad Reichenhall.

3 Längsüberschreitung des Lattengebirges

Vom Predigtstuhl bis zur Schwarzbachwacht

W3

5 ½ Std.

↑400 Hm
↓1100 Hm

Charakter: Lange Kammüberschreitung auf spärlich ausgetretenen und nur blass markierten Pfaden, die neben grundlegender Trittsicherheit und Ausdauer vor allem Orientierungssinn verlangt. Das Gelände ist oft stark überwachsen und unübersichtlich; bei Nebel und Nässe daher nicht ratsam. Eindeutig eine Tour für Individualisten, die mit unerschlossenem Terrain vertraut sind.
Bewertung: Obwohl technisch unschwierig, aufgrund der anspruchsvollen Routenfindung W3.
Ausgangspunkt: Bergstation der Predigtstuhlbahn (1583 m) von Bad Reichenhall.
Endpunkt: Schwarzbachwacht (868 m) bzw. Ramsau-Taubensee; Tipp: Fahrpläne für die Rückfahrt nach Bad Reichenhall vorher studieren!
Höchster Punkt: Karkopf (1738 m).
Hütten: Keine.
Gehzeiten: Predigtstuhl – Karkopf 1 Std. – Karspitz 3 Std. – Schwarzbachwacht 1 ½ Std.; insgesamt 5 ½ Std.
Aufstiegsmeter: Ca. 400 Hm (1100 Hm Abstieg).

Nach Süden hin besitzt das Lattengebirge einen lang gestreckten Ast, der vom Karkopf ausgehend über mehrere wenig ausgeprägte Erhebungen bis zum Vogelspitz zieht. Da es über diesen Kamm keinen »vernünftigen« Weg gibt, keinen Eintrag in den Karten und auch die einschlägige Literatur nicht viel davon zu berichten weiß, ist diese Tour so gut wie unbekannt. Wer sich allerdings davon nicht abhängig fühlt und auch einmal zu einer kleinen Pfadfinderei und Durchschlageübung bereit ist, wird vielleicht das intensivste und exklusivste Bergerlebnis nach Hause tragen, welches das Lattengebirge zu bieten hat. Abgesehen von der paradiesischen Ruhe, die sich jenseits des Karkopfes mit Sicherheit einstellt, hat man im Sommer seine Freude an der schönen Flora, im Herbst vor allem an der tollen Fernsicht auf die großen Kalkgipfel des Berchtesgadener Landes.

Route: Um das Tagespensum im Rahmen zu halten, bedienen wir uns der Predigtstuhlbahn und starten die Tour bereits in der oberen Etage des Lattengebirges. Ein Aufstieg zu Fuß bleibt jedem unbenommen, womit sich das Unternehmen aber um mindestens 3 Std. verlängert. Von der Bergstation auf komfortablem Weg via Schlegelmulde zum Hochschlegel (1688 m) und weiter im Kammbereich zum Karkopf (1738 m). Über den Südrücken bergab und vor dem Aufschwung zum Törlkopf nach rechts in die latschenbewachsene Flanke, womit dieser Gipfel

3

westseitig umgangen wird. Wir gelangen zur Bergwachthütte auf der ehemaligen Törlalm (1488 m), wo ostwärts eine Abstiegsmöglichkeit nach Winkl ausgeschildert ist. Von nun an werden die deutlich ausgetretenen Steige zurückgelassen und das Routengespür auf die Probe gestellt. Wir steigen am meist breiten Kammrücken wieder aufwärts zur Törlschneid, die später ohne markante Zäsur in die Karschneid übergeht. Obgleich die Kammlinie nie wesentlich verlassen wird, ist der Routenverlauf im Detail recht verwickelt – vor allem durch den Wechsel von dichterem Baumbestand, grasbewachsenen Lichtungen, mitunter etwas lästigen Krummholzzonen und einigen Schrofenpassagen. Man achte stets sorgsam auf Steigspuren und halte sich genau an die blassen roten Punkte, die in Abständen auf Steine etc. gepinselt sind. So geht es in leichtem Auf und Ab immer südwärts bis auf den Karspitz (1641 m), an dem sich der Bergrücken zu einem echten Grat zusammenschnürt. Besonders der Weiterweg bis zur Einsenkung vor dem Jochköpfl, wo man wieder auf einen bezeichneten Weg trifft, hält noch einige kitzlig-ausgesetzte Kraxelpassagen bereit – das anspruchsvollste Stück der Überschreitung. Am bewaldeten Sattel kann man sich entscheiden, ob man nach links via Mordaualm Richtung Taubensee absteigen möchte oder rechts über die Lattenberg- und Moosenalm auf den Leitweg, der zur Schwarzbachwacht führt.

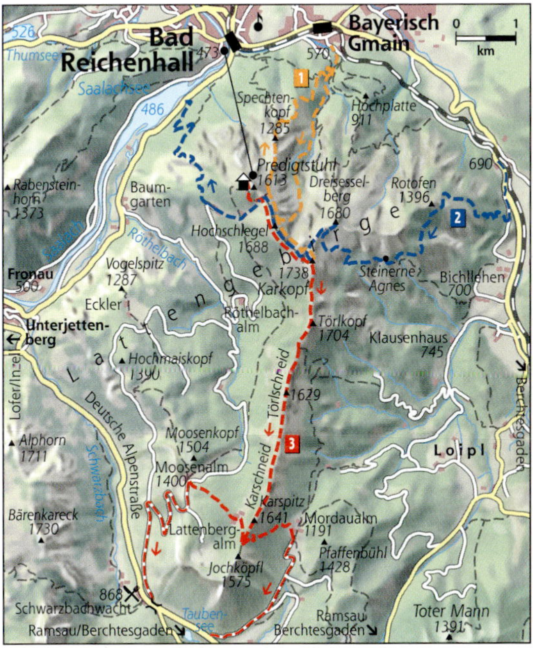

Untersberg

Der Untersberg erhebt sich genau zwischen der Stadt Salzburg, deren erster Hausberg er genannt werden darf, sowie dem Berchtesgadener Land und ist damit der am weitesten nach Norden vorgeschobene Gebirgsstock unseres Gebietes. Es handelt sich um ein typisches Tafelgebirge mit ausgedehnten Karrenfeldern, tiefen Do-

Maria Gern mit dem Untersberg

linen und undurchdringlichen Latschenzonen, dessen Hochfläche sanft gegen Norden und Westen geneigt ist. Demgegenüber weisen die Süd- und Ostseite respektable Steilflanken, ja sogar richtige Wandbildungen auf. So liegt dort zweifelsohne die Schokoladenseite des Untersberges – man denke nur an die klassische Postkartenansicht mit der Kirche Maria Gern im Vordergrund. Bemerkenswert ist der Höhlenreichtum, der bereits einige »weit hergeholte« Sagen hervorgerufen hat. So soll einer Legende zufolge Karl der Große in einem unterirdischen Kaisersaal hausen.

Von allen Seiten führen Zugänge auf die Hochfläche – insgesamt fast ein Dutzend, von denen die schönsten und touristisch bedeutsamen in diesem Führer erwähnt sind. Großer Beliebtheit erfreuen sich etwa Doppler- und Reitsteig zum Zeppezauerhaus unterm Geiereck, der Anstieg aus dem Schellenberger Tal über die Toni-Lenz-Hütte und den in die Felsen gesprengten Thomas-Eder-Steig zur Mittagsscharte sowie der Stöhrweg zum Stöhrhaus am Berchtesgadener Hochthron. Damit sind auch bereits die drei bewirtschafteten Stützpunkte genannt. Mit dem Hochflächen-Übergang besteht eine markierte Verbindung, die jedem Bergwanderer ans Herz gelegt werden kann. Als Art »Geheimtipps« werden zudem der originelle, aber recht anspruchsvolle Anstieg durchs Mittagsloch sowie die Überschreitung der Rauen Köpfe beschrieben.

Trotz der beachtlichen Ausdehnung des Untersberges treten die Gipfel beinahe in den Hintergrund. Sie überhöhen das Plateau meist nur geringfügig und bilden bis auf wenige Ausnahmen keine eigenständigen Ziele. Lediglich zwei von ihnen sind bergtouristisch wirklich bedeutsam, zum einen der nach Norden orientierte Salzburger Hochthron, der von der Bergstation der Untersbergbahn am Geiereck rasch erreicht werden kann, zum anderen der Berchtesgadener Hochthron als eigentlicher Gipfelpunkt des Massivs. Hoch gerühmt ist die Aussicht vom Untersberg: Wie ein aufgeschlagenes Buch präsentiert sich der gesamte Berchtesgadener Talkessel, während nordwärts die Blicke ins Alpenvorland schweifen. Abschließend sei noch darauf aufmerksam gemacht, dass die unübersichtliche Hochfläche bei Nebel zu einem leicht zu unterschätzenden Wagnis wird. Einmal vom Weg abgekommen, hätte man schlechte Karten, aus dem Labyrinth von Steinen und Latschen wieder herauszufinden.

4 Doppler- und Reitsteig

Die Nordanstiege von Glanegg zum Salzburger Hochthron

WK3

6 3/4 Std.

↑↓ 1400 Hm

Charakter: Markierte Bergwege in teils steilem Gelände, mit zahlreichen Holzstufen und am Dopplersteig auch längeren ausgesetzten, aber ausreichend gesicherten Passagen ausgestattet. Trittsicherheit und Schwindelfreiheit sind hierfür Voraussetzung; aufgrund des Höhenunterschiedes muss man auch Ausdauer beweisen.
Bewertung: WK3 für den Dopplersteig, W2 für den leichteren Reitsteig.
Ausgangspunkt: Glanegg, Parkplatz Rositten (465 m); Bus von Salzburg Richtung Fürstenbrunn.
Höchster Punkt: Salzburger Hochthron (1852 m).
Hütten: Zeppezauerhaus (1664 m), ÖAV, Anfang Mai–Ende Oktober, Tel. (A)-0662/62 98 62.
Gehzeiten: Rositten – Dopplersteig – Zeppezauerhaus 3 1/2 Std. – Salzburger Hochthron 3/4 Std. – Reitsteig – Rositten 2 1/2 Std.; insgesamt 6 3/4 Std.
Aufstiegsmeter: Rositten – Zeppezauerhaus 1200 Hm – Salzburger Hochthron 200 Hm.
Skizze: Siehe Seite 35.

Die beiden Steige, die von Glanegg aus parallel (im oberen Teil gemeinsam) zum Zeppezauerhaus und weiter zum Geiereck respektive Salzburger Hochthron hinaufziehen, lassen sich ideal miteinander verbinden. Der kühnere, auch anspruchsvollere Dopplersteig wird dabei sinnvollerweise für den Aufstieg gewählt, über den leichteren Reitsteig geht es wieder zu Tal. Die beachtlichen Höhenunterschiede lassen einige Mühen erwarten, zum Lohn gibt's herrliche Ausblicke über die Mozartstadt Salzburg und das Gefühl, den Untersberg aus eigener Kraft erklommen zu haben. Was ist dagegen schon eine zehnminütige Seilbahnfahrt?

Aufstieg: Vom Parkplatz an Villen vorbei zur Rosittenbrücke, wo sich der Weg gabelt: Links geht es zum Dopplersteig, rechts zum Reitsteig. Auf Ersterem (Nr. 460) sogleich steil über eine seilgesicherte Stiege bergauf. Anschließend auf gutem Waldweg entlang dem Rosittenbach, der unterhalb in einer Schlucht, weiter taleinwärts auch in unmittelbarer Nähe des Weges rauscht.

Aurikel »Gamsbleame«

4

Nach diesem nur leicht ansteigenden Stück steilt das Gelände wieder deutlich auf. Die tiefe Tallandschaft zeigt sich beeindruckend wild. Schrofige Passagen sind teilweise durch Holzstiegen erleichtert. So gelangt man in den Kessel der Oberen Rositten, wo sich der Weg rechts der Dopplerwand annähert. Von links mündet der Steig über den Schellenbergsattel (Verbindung von der Toni-Lenz-Hütte) ein, hoch oben verläuft das dicke Tragseil der Untersbergbahn. In diagonaler Linie zieht der Dopplersteig nun schräg durch die Felsabbrüche aufwärts, überall mit Stufen ausgebaut und per Seillauf gesichert. Auf knapp 1600 m erfolgt der Ausstieg auf einen breiten Bergrücken mit Kreuz. Gemeinsam mit dem Reitsteig (Nr. 417) zum Zeppezauerhaus (1664 m) und weiter zum Geiereck (1805 m) hinauf. Da dieser Gipfel durch die Bergstation der Untersbergbahn entwertet ist, wandert man lohnenderweise noch zum Salzburger Hochthron (1852 m) hinüber.

Abstieg: Im Abstieg bleiben wir unterhalb des Zeppezauerhauses am Reitsteig, der in zahllosen, oft recht steilen und mit Holztritten versehenen Kehren am Nordausläufer des Geierecks abwärts führt. Die meiste Zeit im Wald, erreicht man schließlich wieder die kleine Ansiedlung Rositten und den Ausgangspunkt.

Auf dem Salzburger Hochthron

5 Salzburger Hochthron via Mittagsscharte

Über den Thomas-Eder-Steig auf den Untersberg

WK3

4 ³/₄ Std.

↑1430 Hm
↓100 Hm

Charakter: Am ausgesetzten, aber gut gesicherten Thomas-Eder-Steig Trittsicherheit und Schwindelfreiheit nötig, sonst leichtere Bergwege. Allerdings stattliches Steigpensum; in umgekehrter Richtung fast nur Abstieg und daher weniger anstrengend.
Bewertung: WK3 am Thomas-Eder-Steig, sonst leichter (W2).
Ausgangspunkt: Paßthurm (468 m) an der B 305, 1,5 km nördlich von Marktschellenberg; Parkplatz und Haltestelle der Buslinie Berchtesgaden–Salzburg.
Endpunkt: Bergstation der Untersbergbahn am Geiereck; Talstation in St. Leonhard (456 m); Rückfahrt mit dem Bus zum Ausgangspunkt.
Höchster Punkt: Salzburger Hochthron (1852 m).
Hütten: Toni-Lenz-Hütte (1411 m), privat, Ende Mai–Ende Oktober, Tel. (A)-0664/134 16 90.
Gehzeiten: Paßthurm – Toni-Lenz-Hütte 2 ³/₄ Std. – Mittagsscharte 1 Std. – Geiereck 1 Std.; insgesamt 4 ³/₄ Std.
Aufstiegsmeter: Paßthurm – Toni-Lenz-Hütte 940 Hm – Geiereck 490 Hm (Abstieg vernachlässigbar).
Skizze: Siehe Seite 35.

Einer der reizvollsten Anstiege zum Untersberg geht von Schellenberg aus. Kernstück dieser Route ist der aufwändig ausgebaute Thomas-Eder-Steig, der eigens aus der Steilwand gesprengt wurde und mit seinen Felslöchern ein wenig an die ehemaligen Kriegssteige in den Dolomiten erinnert. Die Szenerie ist vergleichbar imposant, das Emporsteigen ein landschaftlicher Hochgenuss. Zuvor lädt die Toni-Lenz-Hütte zur Rast und die Schellenberger Eishöhle zur Besichtigung (siehe Tipp). Nach Überschreitung des Salzburger Hochthrons ist mit der Untersbergbahn ein knieschonendes Bergab gewährleistet.

Tipp

Ein Naturwunder besonderer Art ist die **Schellenberger Eishöhle**, die seit 1925 dem allgemeinen Publikum zugänglich ist. Führungen werden von Juni bis Oktober jeweils stündlich zwischen 10 und 16 Uhr angeboten; der Einstieg befindet sich oberhalb der Toni-Lenz-Hütte (Abzweig vom Weg zur Mittagsscharte). In der Höhle soll das Eis stellenweise 3000 Jahre alt sein, die Temperaturen liegen auch im Hochsommer um den Gefrierpunkt. Es handelt sich um die größte Eishöhle Deutschlands.

Aufstieg: Von Paßthurm auf dem gut ausgebauten Weg 463 überwiegend durch Wald bergauf. Nach einer Weile wird der so genannte Bachgraben tangiert, etwas später – nach einer rechts ausholenden Schleife – der Lochgraben. Durch herrlichen Buchenwald höher und allmählich in freieres, von einigen kleineren Runsen durchzogenes Gelände zur Toni-Lenz-Hütte (auch Schellenberger Eishöhlenhütte, 1411 m). Links haltend auf Schuttsteig über die Rippe des Kleinen Heubergkopfes und unter

Ausblick vom Thomas-Eder-Steig über den Tennengau

dem Eingang der Eishöhle entlang zum Beginn des gesicherten Thomas-Eder-Steiges, für den mehrere Tunnels aus den senkrechten Felsabstürzen herausgesprengt und mit soliden Treppen gangbar gemacht worden sind. Am Ausstieg erreichen wir die Mittagsscharte (1671 m), den markantesten Einschnitt in der Untersberg-Hochfläche, und wenden uns nach rechts. Über einen Steilhang zum unbedeutenden Großen Heubergkopf und weiter in typischem, kupiertem Karstgelände auf den Salzburger Hochthron (1852 m).

Abstieg: Vom Gipfel aus rasch hinüber zum Geiereck (1805 m) und mit der Seilbahn mühelos nach St. Leonhard hinab. Dabei erhascht man eindrucksvolle Einblicke in die zerklüfteten Ostabstürze des Geierecks.

Tipp

Von der Toni-Lenz-Hütte gibt es eine Verbindung zum Dopplersteig (→Tour 4), was weitere Variationsmöglichkeiten rund um Geiereck und Salzburger Hochthron eröffnet. Der schmale, Trittsicherheit erfordernde Schrofenpfad führt quer durch die Geiereck-Ostflanke zunächst leicht abwärts, übersteigt dann den Schellenbergsattel und erreicht den Dopplersteig im Bereich der Oberen Rositten.

6 Untersberg-Überschreitung

Vom Geiereck über die Hochfläche ins Bischofswiesener Tal

W2

6 Std.

↑500 Hm
↓1650 Hm

Charakter: Ausgedehnte Plateauwanderung auf unschwierigen Bergwegen, die bei Nebel allerdings ernste Orientierungsprobleme aufwerfen kann. Im Bereich der Mittagsscharte sowie beim Talabstieg etwas steilere Abschnitte. Als Tagestour Ausdauer vonnöten.
Bewertung: Bei guten Verhältnissen kaum höher als W2.
Ausgangspunkt: Geiereck (1805 m), Bergstation der Untersbergbahn von St. Leonhard; Buslinie Berchtesgaden–Salzburg.
Endpunkt: Siedlung Winkl (647 m) nördlich von Bischofswiesen; Busverbindung mit Berchtesgaden.
Höchster Punkt: Berchtesgadener Hochthron (1972 m).
Hütten: Stöhrhaus (1894 m), DAV, Ende Mai–Mitte Oktober, Tel. (D)-08652/72 33.
Gehzeiten: Geiereck – Mittagsscharte 1 Std. – Stöhrhaus 2 ½ Std. – Winkl 2 ½ Std.; insgesamt 6 Std.
Aufstiegsmeter: Geiereck – Stöhrhaus 500 Hm (Abstiege insgesamt ca. 1650 Hm).

Das beste Bild vom Untersberg lässt sich sicherlich auf der großen Plateauüberschreitung gewinnen, die günstigerweise mit einer Seilbahnfahrt aufs Geiereck beginnt. Blickt man von dort zum Berchtesgadener Hochthron, so wird man die Entfernung leicht unterschätzen, zumal wir uns ja keineswegs auf einer geradlinigen Verbindung dort hinüberbewegen, sondern auf einem typischen Steig in stark verkarstetem Gelände, dem manch unerwartete Biegung und ein kleinräumiges Auf und Ab innewohnt. Obwohl ausreichend markiert, sollte dieser Übergang bei Nebel tabu sein. Man wäre nicht der Erste, der sich in diesem labyrinthischen Terrain verirrt. Bei schönem Wetter aber genießt man herrliche Eindrücke, geprägt vom Kontrast der eigentümlich herben Hochfläche zur prächtigen Schau über die Bergwelt des Berchtesgadener und Salzburger Landes.

Tipp

Das Kernstück der Untersberg-Überschreitung verbindet den Salzburger mit dem Berchtesgadener Hochthron. Es lässt sich mit verschiedenen Zu- und Abstiegsvarianten anreichern, von denen die vorgestellte nur beispielhaft ist. So ließe sich auch über den Doppler- oder Reitsteig aufsteigen, über den Stöhrweg absteigen ... Wer eine Übernachtung im Stöhrhaus einplant, könnte auch einen Streifzug durch den sehr einsamen nordwestlichen Bereich der Hochfläche (Ochsenkopf, Hirschangerkopf etc.) erwägen.

Überschreitung zum Stöhrhaus: Vom Geiereck auf viel begangenem Weg (Nr. 417) hinüber zum Salzburger Hochthron (1852 m). Weiter am »Skischartl« vorbei und über den Großen Heubergkopf zu einem steileren Stück, das in die Mittagsscharte (1671 m) hinableitet. Hier zweigt der Thomas-Eder-Steig (→Tour 5) ab. Wir bleiben

Das Stöhrhaus auf der Untersberg-Hochfläche

6

allerdings der Route 417 treu und steigen am Gegenhang wieder bergauf. Weiter über den Ochsenkamm und in wechselndem Auf und Ab über die von Latschenfeldern durchsetzte Hochfläche an Rauheck und Gamsalmkopf vorbei. Der Berchtesgadener Hochthron (1972 m) rückt immer näher; zuletzt kostet der Gipfelabstecher nur wenige Schritte zusätzlich. Vom höchsten Punkt des Untersberges geht es in Kürze zum Stöhrhaus (1894 m) hinab.

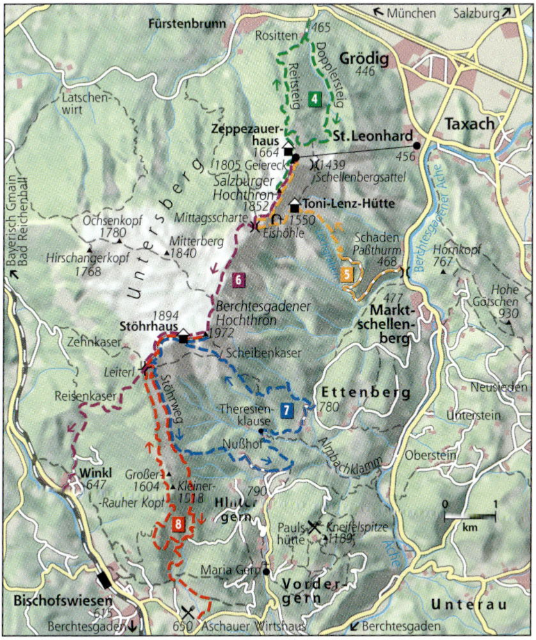

Abstieg: Zunächst etwa 1/2 Std. auf dem Stöhrweg abwärts. Bei der Weggabelung am Leiterl nicht diesem über die Geländekante nach links folgen, sondern südwestwärts weiter zum Reisenkaser (Route 464). Am Ende der Almlichtung wird der Weg steiler und tritt allmählich in dichteren Wald ein. Bei der Verzweigung am Sattel vor dem Nierntalkopf folgen wir links dem kleineren, weiterhin mit Nr. 464 bezeichneten Steig durch einen Geländeeinschnitt (rechts geht es Richtung Hallthurm). Weiter unten auf einen breiten Weg einmündend, der talwärts nach Winkl führt.

7 Berchtesgadener Hochthron

Ein geistreicher Anstieg durchs Mittagsloch

WK4

7 ¼ Std.

↑↓ 1290 Hm

Charakter: Unbezeichneter Anstieg über ausgesetzte Schrofen und eine Klettersteigpassage, nur für erfahrene, selbstständige Berggeher. Absoluter Clou ist der Durchstieg einer kleinen Felshöhle! Perfekte Trittsicherheit unerlässlich; die Abstiegsroute ist hingegen leicht und auch für weniger Geübte geeignet (Ausdauer in jedem Fall erforderlich).
Bewertung: WK4 für die Route durchs Mittagsloch, W1–2 für den Stöhrweg.
Ausgangspunkt: Ettenberg, Parkplatz nahe Neuhäusl (ca. 780 m); keine Busanbindung.
Höchster Punkt: Berchtesgadener Hochthron (1972 m).
Hütten: Stöhrhaus (1894 m), DAV, Ende Mai–Mitte Oktober, Tel. (D)-08652/27 33.
Gehzeiten: Ettenberg – Scheibenkaser 1 ¾ Std. – Berchtesgadener Hochthron 2 Std. – Stöhrweg – Hintergern 2 ½ Std. – Ettenberg 1 Std.; insgesamt 7 ¼ Std.
Aufstiegsmeter: Ettenberg – Scheibenkaser 670 Hm – Berchtesgadener Hochthron 520 Hm – Hintergern – Ettenberg 100 Hm.
Skizze: Siehe Seite 35.

Der wohl interessanteste, sicher aber originellste Aufstieg zum Untersberg – und damit gibt der Autor eine subjektive Empfehlung weiter – führt durch das Mittagsloch. Nie gehört? Weit herumgesprochen hat sich diese Tour in der Tat nicht, sie eignet sich auch kaum für Massen. Dabei hätte sie sogar einen Platz in der Klettersteig-Literatur verdient, doch scheint auch hier keine Notiz von ihr genommen worden zu sein. Wer sich auf unbezeichneten Pfaden zurechtfindet, in steilen Schrofen einen sicheren Tritt beweist und schließlich vor einer düsteren Felshöhle keine Angst hat, wird den Aufstieg Meter für Meter genießen – so viel sei versprochen. Nach ausgiebiger Panoramaschau am Gipfel und Einkehr im Stöhrhaus vollzieht sich der Abstieg auf dem beliebten, landschaftlich ebenfalls sehr schönen Stöhrweg, wo man sich immer wieder umdreht, um die Südabstürze des Untersberges zu bewundern. Zum Schluss gewinnt man noch Einblicke in die Schluchtenlandschaft des oberen Almbachs – eine weitere Facette der höchst abwechslungsreichen Tour.

Unter den Südwänden, beim Zustieg zum Mittagsloch

7

Aufstieg: Zu Beginn auf einer Forststraße bergauf, ehe ein gewöhnlicher Steig (Nr. 466) die Führung übernimmt. Kurz unter dem Scheibenkaser (1450 m) tritt der dichte Wald zurück und gibt berauschende Blicke auf die Berchtesgadener Bergwelt frei. Welch ein Platz für eine urige Almhütte! Am Scheibenkaser lassen wir die Markierungen unbeachtet und folgen einer unbezeichneten Pfadspur nach rechts. Nach kurzer Querung (die man fortsetzt, falls man den gleichfalls recht kniffligen »Grubenpfad« auf der Ostseite des Berchtesgadener Hochthrons probieren möchte) geht es einen steilen Hang aufwärts zu jenem Geländerücken, der von den Südwänden direkt zum Scheibenkaser hinabzieht. Kurz unterhalb der Felsen schwenken wir scharf nach links und vollziehen eine längere Traverse durch unangenehm brüchige Schrofen. Mehrere seichte Runsen sind dabei zu queren, das Gelände ist abschüssig: Vorsicht! Zum Ende dieser Passage werden die ersten Drahtseile erreicht. Nun überwiegend an Sicherungen steil bergauf zu einer großen Nische in den Felswänden. Man steigt hinein, muss sich erstmal an die Dunkelheit gewöhnen und stolpert in dem feucht-kalten Loch zu einem engen Schacht, durch den das Tageslicht fällt. Eine Leiter ermöglicht den Durchschlupf – nur wenige Schritte neben dem Wanderweg, zwei Gehminuten unterm Stöhrhaus, gibt einen der Erdboden wieder frei. Kurios! Vom Stöhrhaus schließlich auf bezeichnetem Steig zum Berchtesgadener Hochthron (1972 m) hinauf.

Tipp

Wem die Route durchs Mittagsloch zu anspruchsvoll erscheint, der kann ab Scheibenkaser annähernd horizontal nach Westen zum Stöhrweg queren und über diesen das Plateau erreichen. Die Tour ist dann nicht schwieriger als W2.

Abstieg: Dieser führt vom Stöhrhaus über Weg 417 west- und südwestwärts zum so genannten Leiterl. Nun auf der Ostseite des Geländesattels über etliche Serpentinen bergab und horizontal unter der Almbachwand entlang. Bei einer Gabelung halten wir uns links (geradeaus Richtung Aschauer Weiher) und steigen zu den oberen Anwesen von Hintergern ab. Weiter zum Gasthaus Dürrlehen und in den Grabeneinschnitt des Almbachs. Via Theresienklause (eine zum Zwecke einstiger Holztriften errichtete Staumauer) auf gut ausgebautem Steig durch die urtümliche Schluchtlandschaft und im Gegenanstieg aus ihr heraus nach Ettenberg.

8 Rauer Kopf

Zünftige Kammtour am Ausläufer des Untersberges

WF4

7–9 Std.

↑↓ 1100-1450 Hm

Charakter: Bis zum Rauen Kopf markierter, am Schluss etwas holpriger und steiler Bergsteig; Trittsicherheit erforderlich. Weiter Richtung Untersberg existiert lediglich ein spärlicher, unbezeichneter Pfad mit einigen Kletterstellen (I) am latschenbewachsenen Grat; Schlüsselpassage versichert. Entsprechend höhere Anforderungen an Trittsicherheit, Orientierungsvermögen und Bergerfahrung. Abstieg über den Stöhrweg problemlos.
Wer im Rahmen einer Tagestour noch bis zum Berchtesgadener Hochthron aufsteigt, braucht exzellente Kondition.
Bewertung: Zum Rauen Kopf W3, Fortsetzung Richtung Stöhrweg/Untersberg eher schon WF4.

Ausgangspunkt: Aschauer Weiher (650 m), Freibad an der Straße von Bischofswiesen nach Maria Gern.
Höchster Punkt: Je nach Ausdehnung des Programms Rauer Kopf (1604 m), Bannkopf (1658 m) oder Berchtesgadener Hochthron (1972 m).
Hütten: Stöhrhaus (1894 m), DAV, Ende Mai–Mitte Oktober, Tel. (D)-08652/72 33.
Gehzeiten: Aschauer Weiher – Rauer Kopf 3 Std. – Leiterl 1 3/4 Std. – Abstecher Berchtesgadener Hochthron 1 3/4 Std. – Aschauer Weiher 2 1/4 Std.; insgesamt 7–9 Std.
Aufstiegsmeter: Aschauer Weiher – Rauer Kopf 950 Hm – Leiterl 150 Hm – Berchtesgadener Hochthron 350 Hm.
Skizze: Siehe Seite 35.

Zu den genialsten Aussichtspunkten des Berchtesgadener Landes zählt der Raue Kopf, der in einem Zweigkamm von der eigentlichen Untersbergmasse weit nach Süden vorgeschoben ist. Einer gewaltigen Arena gleich liegt der ganze Talkessel mit seiner Bergumrahmung wie auf dem Präsentierteller. Blickfang Nummer eins – wie kann es anders sein – ist natürlich der Watzmann. Wer über genügend Entdeckerlust, Pfadfindergeist und Ausdauer verfügt, kann die normalerweise im Hin- und Rückweg ausgeführte Tour zum Rauen Kopf durch einen Übergang Richtung Untersberg bereichern. Hier muss ein wenig zugepackt werden; die Urwüchsigkeit der Umgebung wiegt die Mühsal aber mehrfach auf.

Aufstieg: Vom Aschauer-Weiher-Bad zunächst durch die Niederung zum Maximilians-Reitweg, dem man bis in die Nähe der Höfe von Aschau folgt. Hier zweigt bergwärts die Route zum Rauen Kopf ab. Anfangs gemeinsam mit dem Stöhrweg im Wald empor, bei der Gabelung links und auf dem in großem Bogen um den Hang ziehenden Forstweg zum »Blauen Kastl« (Bildstock). Kurz vorher mündet noch ein Zugang von Bischofswiesen über die Kastensteiner Wand ein. Nun rechts auf einen wurzeligen

8

Steig, der an der Südflanke des Kleinen Rauen Kopfes emporleitet, diesen Vorgipfel dann aber westlich in einer Traverse umgeht und die Einsattelung zwischen beiden Köpfen anpeilt. Zuletzt über Schrofen zum Großen Rauen Kopf (1604 m).

Übergang zum Untersberg: Es geht nordwärts am felsgespickten, oft auch latschenbewachsenen Gratkamm weiter. Nach der nächsten kleinen Erhebung wartet bereits die schwierigste Passage: im Bereich einer Rinne an Drahtseilen steil bergab. Nun in etwas langwieriger Kraxelei über diverse Gratzacken auf und ab, wobei man sich immer wieder Latschenwurzeln und Ähnlichem als Griffe bedient. Nur vorübergehend wird ein paar Meter links ausgewichen, sonst verbleibt man in unmittelbarer Nähe der Schneide. Dann ist der schroffe Teil vorbei, das Gelände weitet sich zu einem Rücken, der links sanft abdacht. Man hält sich nahe der Abbrüche zur Rechten und folgt in dem aufgelockert bewaldeten Terrain der meist gut erkennbaren Pfadspur (nun auch öfter rote Farbzeichen), bis man nach einer Wiese beim Leiterl auf den Stöhrweg trifft. Wer weiterhin genug Power hat, könnte jetzt noch zum Stöhrhaus und Berchtesgadener Hochthron aufsteigen.

Abstieg: Der Stöhrweg vermittelt anschließend den günstigsten Abstieg. Wie bei Tour 7 beschrieben in Kehren abwärts, unterhalb der Almbachwand entlang und bei der Wegverzweigung geradeaus weiter mit Bezeichnung 468 zurück zum Aschauer Weiher.

Panoramablick vom Rauen Kopf über das Berchtesgadener Land

Der Hohe Göll aus dem Salzachtal gesehen

Hoher Göll

Der Göllstock erhebt sich in imposanter Erscheinung zwischen dem Berchtesgadener Talkessel und dem Salzachtal bei Golling. An der Nahtstelle zwischen den voralpinen Gefilden im Norden und den Kalkhochalpen im Süden wirkt er als regelrechtes Bollwerk und strahlt eine große Anziehungskraft aus. Eine der eindrucksvollsten Ansichten bietet die Göll-Westwand über dem tief eingekerbten Endstal. Auf bayerischer Seite hat sich mit dem Obersalzberg und dem Kehlsteinhaus – beides Hinterlassenschaften aus unrühmlicher Zeit –, der Roßfeld-Panoramastraße sowie dem seilbahnerschlossenen Jenner ein reges Tourismusgeschäft etabliert. Für den Bergsteiger ergeben sich dadurch günstig gelegene Ausgangspunkte, die manch zünftige Gölltour in den Bereich einer durchschnittlichen Tagesunternehmung rücken. Dennoch

haben Purtscheller- und Stahlhaus ihre Bedeutung als Stützpunkte nicht verloren. Weitaus distanzierter zeigt sich der Göll hingegen dem salzburgischen Salzachtal. Ohne ihn viel mehr als eines flüchtigen Blickes zu würdigen, rauschen die meisten auf der Tauernautobahn vorbei – nur Eingeweihte scheuen die langen Zustiege nicht.
Für geübte Berggeher bieten sich mehrere ausnehmend reizvolle Routenkombinationen und Überschreitungen an. Als Normalanstieg auf den Hauptgipfel darf der Salzburger Steig vom Purtschellerhaus angesprochen werden, doch auch der Klettersteig vom Kehlstein über den Mannlgrat erfreut sich überaus großer Beliebtheit. Gern werden beide Routen miteinander verbunden. Das etwas mühsame Alpeltal besitzt lediglich als Skitour größere Bedeutung, bietet aber auch im Sommer, vor allem im Abstieg, eine lohnende, ruhigere Alternative. Vollkommen einsam geht es am Kuchler Kamm zu, der nach Osten gegen das Salzachtal ausgerichtet ist. An dem lang gestreckten, mit mehreren eigenständigen Gipfeln gespickten Grat finden abenteuerlustige Bergsteiger, die sich gern einmal abseits ausgetretener Routen bewegen wollen, ein wahres Paradies. Der Verfasser will nicht verhehlen, dass er darin einen seiner absoluten Favoriten in den Berchtesgadenern sieht. Eine in beiden Richtungen häufig ausgeführte Paradetour ist die Überschreitung von Hohem Göll und Hohem Brett, wobei Letzteres bereits Richtung Torrener Joch und damit zum Jennergebiet orientiert ist. Es wird auch als eigenständiges Ziel aufgesucht, meistens vom Stahlhaus über den südseitigen Normalweg. Für geübte Bergwanderer mit gutem Routengespür empfiehlt sich überdies ein wegloser Aufstieg über die Brettgabel. Alle vorgestellten Touren sind ideale, aber ernst zu nehmende Unternehmungen für erfahrene Bergsteiger. Unfallstatistiken beweisen leider, dass gerade der Göll immer wieder unterschätzt wird.

9 Hoher Göll – Hohes Brett

Die große Überschreitung vom Purtscheller- zum Stahlhaus

FK4

8 1/4 Std.

↑1300 Hm
↓1720 Hm

Charakter: Der Aufstieg zum Hohen Göll verläuft auf einer bezeichneten, stellenweise gesicherten Felsroute (Salzburger Steig, I), für die Trittsicherheit und etwas Klettergewandtheit notwendig ist. Die Überschreitung zum Hohen Brett ist nur an wenigen Passagen ausgesetzt (kurze Stellen I), bietet sonst Gehgelände, das allerdings wegen des zeitweiligen Plateaucharakters bei Nebel problematisch werden kann. Zu beachten ist auch die Länge der Tour; im Rahmen eines Tagesprogramms nur für sehr Ausdauernde zu empfehlen.
Bewertung: FK4 für den Salzburger Steig zum Hohen Göll, sonst mit W3 überwiegend eine Nummer leichter.
Ausgangspunkt: Parkplatz Ahornkaser (1541 m) an der mautpflichtigen Roßfeld-Höhenringstraße; Bus von Berchtesgaden.
Endpunkt: Hinterbrand (1120 m) am Ende der Dürreckstraße, ebenfalls Busverbindung. Das eigene Auto bleibt günstigerweise am Obersalzberg oder in Berchtesgaden.
Höchster Punkt: Hoher Göll (2522 m).
Hütten: Purtschellerhaus (1692 m), DAV, Mitte Mai–Ende Oktober, Tel. (D)-08652/24 20; Stahlhaus (1728 m), ÖAV, ganzjährig bew., Tel. (D)-08652/27 52.
Gehzeiten: Ahornkaser – Purtschellerhaus 1 Std. – Hoher Göll 2 1/2 Std. – Hohes Brett 2 Std. – Stahlhaus 1 1/4 Std. – Hinterbrand 1 1/2 Std.; insgesamt 8 1/4 Std.
Aufstiegsmeter: Ahornkaser – Hoher Göll 1150 Hm – Stahlhaus 150 Hm (Abstieg insgesamt 1720 Hm).

Die Überschreitung des gesamten Göllstocks vom Purtscheller- zum Stahlhaus gehört zweifellos zu den Klassikern in den Berchtesgadener Bergen. Sind die alpintechnischen Schwierigkeiten auch nicht übermäßig hoch, so bleibt die Tour doch erfahrenen, ausdauernden Berggehern vorbehalten. Mit der Ausgesetztheit – zum Beispiel auf der Schusterroute – konfrontiert, ist schon manch übermütigem Gipfelstürmer der Angstschweiß auf die Stirn getreten. Besonders bei schlechten objektiven Bedingungen (nordseitiger Anstieg!) wird der Göll gefährlich. Deshalb braucht man vor allem eine stabile, nebelfreie Wetterlage – natürlich auch um die bombastische Aussicht zu genießen. Starke Nahimpressionen, etwa die Felswände über dem Wilden Freithof, gepaart mit der großartigen Hochgebirgswelt um den Königssee sowie den Blicken zur Stadt Salzburg hinaus, stempeln die Kammüberschreitung zu einem klasse Erlebnis. Erwähnenswert: Purtscheller- und Stahlhaus, die beiden Stützpunkte, befinden sich genau auf der Landesgrenze, der wir ohnehin die meiste Zeit folgen – ein echter »Grenzgang« also.

9

Aufstieg: Von der Roßfeldstraße zunächst kurz abwärts zum Eckersattel (1413 m). Von dort führen zwei Steige – einer auf salzburgischem, ein anderer, etwas steilerer, auf bayerischem Boden – zum Purtschellerhaus (1692 m) hinauf. Weiter auf der rechten Seite des grasbewachsenen Eckerfirstes zum Beginn der Felsflanke. Nach einer ersten Schrofenstufe auf einem leicht abwärts ziehenden Geröllband nach rechts. Anschließend in gut gestuftem Felsgelände weiter bergauf. Insgesamt schwach rechts haltend gewinnt man eine Gratrippe, an der wenig höher ein schmiedeeisernes Kreuz steht. Man übersteigt die Rippe, die jenseits jäh ins Kar des Wilden Freithof abfällt, folgt einem ausgesetzten Band nach rechts und gelangt über gesicherten Fels zu einer Verzweigung. Die linke Variante führt zunächst auf Schuttbändern weiter, um dann über den so genannten »Kamin« den Ausstieg auf die Gölleiten zu erreichen, während die »Schusterroute« die Steilwand weiter rechts überwindet. Beide Varianten sind ausreichend gesichert, ihre Einstiege auch von oben her gut bezeichnet. Bei problematischen Verhältnissen (etwa im Frühsommer) wird der Schusterweg empfohlen. Auf der Gölleiten angekommen, hat man nicht nur das anspruchsvollere Terrain vorerst hinter sich, es öffnet sich auch der Blick über die Bergwelt rund um den Watzmann. Über Flanken mäßiger Neigung geht es stets rechts des Abbruchs weiter aufwärts. An einer Gratkerbe hängt nochmals ein kurzes Drahtseil, dahinter

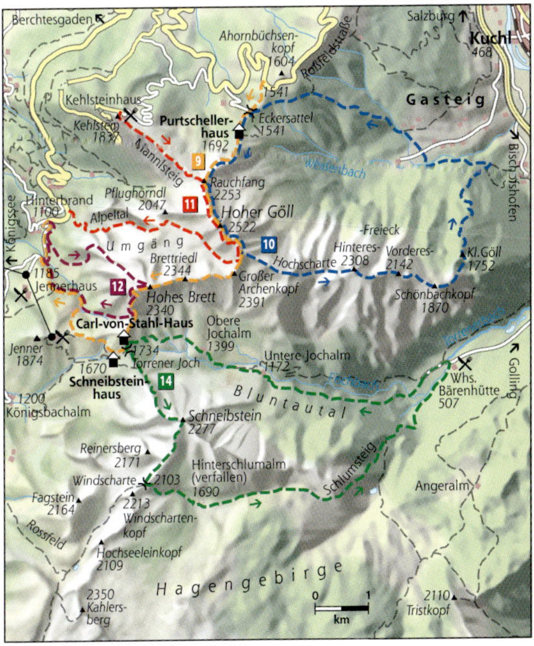

verlangen schuttbedeckte Platten etwas Vorsicht. Kurz darauf ist der Gipfel des Hohen Göll (2522 m) erreicht.

Übergang zum Hohen Brett: Über den südöstlichen Vorgipfel mit seinem auffallenden Kreuz hinab zur Göllscharte, die auch als »Heiterer Lueg« bezeichnet wird. Gleich danach zweigt ein möglicher Notabstieg durchs Alpeltal ab (→Tour 11). Der Kleine Archenkopf wird nun rechts (meist auf Schneefeldern) umgangen. Durch eine Rinne gelangt man wieder auf den Grat, der jetzt nach Westen umbiegt und ziemlich schmal und luftig (einige Drahtseile) zum Großen Archenkopf (2391 m) emporzieht. Auf dem teilweise verkarsteten Kamm weiter leicht absteigend zu einer Einschartung, hinter der es nochmals eine kurze, ausgesetzte Passage zu meistern gilt. Über den breiten, schütter bewachsenen Plateaurücken des Brettriedel in leichtem Auf und Ab zum Hohen Brett (2340 m).

Unterwegs am Großen Archenkopf, dahinter der Göll-Gipfel

Abstieg: Weitläufige Hänge bringen uns hinab zur Westschulter, jener aussichtsreichen Kanzel mit dem so genannten Jägerkreuz. Dort folgt scharf links der Einstieg in die steilere Südflanke, wo der Steig durch brüchige Schrofen in Serpentinen rasch abwärts führt. Man quert nahe dem Kammrücken weiter auf die Verflachung bei den Pfaffenkegeln und steigt nochmals über einen steileren Hang zum Stahlhaus (1728 m) am Torrener Joch ab. Ein breiter Weg zieht fast eben Richtung Jenner hinüber, vor diesem auf die Nordseite und zur Mitterkaseralm (1530 m) hinab. Wer den Abstieg abkürzen möchte, kann unter Auslassung des Stahlhauses schon vor den Pfaffenkegeln einer nicht bezeichneten, aber deutlich ausgeprägten Steigspur durch einen Grabeneinschnitt zur Mitterkaseralm folgen. Von dort auf breiten Wirtschaftswegen über die Wasserfallalm und die Jenner-Mittelstation (etwaige Abkürzung via Krautkaser) zum Parkplatz Hinterbrand.

Über den Kuchler Kamm

10

Das große Gratabenteuer am Göllmassiv

Charakter: Sehr lange Überschreitung mehrerer Gipfel, ab der Göllscharte vollkommen weglos mit nur vereinzelten (nicht immer leicht zu erspähenden) Steinmandln. Orientierungsgabe und sehr gutes Geländebeurteilungsvermögen sind wichtiger als rein klettertechnische Fähigkeiten. Bei geschickter Routenwahl gehen die Schwierigkeiten kaum über den I. Grad hinaus; das Schrofengelände erfordert aber perfekte Trittsicherheit. Neben einer absolut stabilen Wetterlage (es gibt am Kuchler Kamm keine günstigen Notabstiege!) braucht es eine tadellose Kondition sowie eine gereifte Psyche, um dieses »Abenteuer« bestehen zu können.
Bewertung: Aufgrund anspruchsvoller Orientierung und Länge der Tour beachtliche Gesamtanforderungen; deshalb FW5 für den Kuchler Kamm. Der Salzburger Steig auf den Hohen Göll entspricht FK4, der finale Abstieg vom Kleinen Göll W2.
Ausgangspunkt: Gasteig, Parkplatz am Ende der Fahrstraße von Kuchl (ca. 650 m); keine Busanbindung.
Höchster Punkt: Hoher Göll (2522 m).
Hütten: Purtschellerhaus (1692 m), DAV, Mitte Mai–Ende Oktober, Tel. (D)-08652/2420.
Gehzeiten: Gasteig – Purtschellerhaus 3 Std. – Hoher Göll 2 1/2 Std. – Tetter 1 Std. – Hochscharte 1 1/2 Std. – Hinteres Freieck 1 Std. – Kleiner Göll 2 1/2 Std. – Gasteig 2 1/2 Std.; insgesamt ca. 14 Std. (1 1/2 Tage).
Aufstiegsmeter: Gasteig – Purtschellerhaus 1040 Hm – Hoher Göll 850 Hm – Kleiner Göll 600 Hm.
Skizze: Siehe Seite 43.

FW5

14 Std.

↑↓ 2500 Hm

Die Gegensätze sind frappierend: Während im nahen Salzachtal die Tauernautobahn unsere ganz normale Alltagshektik widerspiegelt und am Hohen Göll die Bergsteiger nicht selten in regelrechten Kolonnen anrücken, erhebt sich zwischendrin ein Kammzug, der noch heute im tiefen Dornröschenschlaf liegt. Der vom Göll ostwärts ausstreichende Kuchler Kamm gehört zum einsamsten Bergland der gesamten Berchtesgadener Alpen. Nur ab und zu steigen Individualisten, die ein Faible für das absolut Ursprüngliche haben, über diese »vergessenen« Berge. Den einzigen markierten Weg gibt es von Golling zum Kleinen Göll, dem östlichen Ausläufer der Kette, weiter zum Hinteren Freieck immerhin noch ein paar Steinmandln und dürftige Spuren. Die große Kammüberschreitung, die am besten vom Purtschellerhaus unternommen wird, sieht manchmal wochenlang keine Menschenseele; man könnte sie also mit Fug und Recht die »etwas andere Göll-Überschreitung« nennen. Freilich bleibt sie sehr erfahrenen Bergsteigern vorbehalten, die ein sicheres Gespür für das Machbare besitzen sowie die Fähigkeit, das Gelände zu

10

»lesen«. Mit gutem Routeninstinkt braucht man kaum einmal richtig klettern, nur hin und wieder die Hand an ausgesetzte Schrofen legen. Angesichts der beachtlichen Länge von 10–12 Gehstunden ab Hütte (so man die Route gut findet) ist sicheres, zügiges Steigen in unpräpariertem Gelände sehr wichtig. Wer zagt und zaudert, ist womöglich zu einem Biwak gezwungen. Wer den Anforderungen allerdings gewachsen ist, den erwartet am Kuchler Kamm ein unvergleichliches Bergerlebnis mit einem Touch von Pioniergeist. Etwas Reizvolleres kann sich der Verfasser kaum ausmalen.

Tipp

Man kann die Tour auch von Golling, Ortsteil Lacher, aus angehen. Damit verlängert sich der Hüttenzustieg um 45 Min., allerdings spart man sich am Ende der Tour die Taleinwärtsquerung zum Wanderparkplatz. Für weniger ambitionierte Wanderer ist im Übrigen der Kleine Göll im Auf- und Abstieg ein lohnendes Ziel.

Aufstieg: Vom Parkplatz bei den hinteren Höfen von Gasteig (Ende der öffentlich befahrbaren Straße) über eine Wiese in den Wald. Hier ziemlich steil bergauf, dabei anfangs mehrmals eine Forststraße kreuzend. Man erreicht die Dürrfeichtenalm (1344 m) und über einen Almfahrweg noch leicht ansteigend den Eckersattel (1413 m). Von dort folgen wir dem Weg zum Purtschellerhaus und am nächsten Tag der unter Tour 9 detailliert beschriebenen Route auf den Hohen Göll (2522 m).

Über den Kuchler Kamm: Vom Gipfel steigt man ca. 20 Min. südostwärts ab, bis knapp oberhalb der Göllscharte (»Heiterer Lueg«) ein Steinmann den Abzweig anzeigt. Jetzt wird's ernst, denn man verlässt nun die markierte Route und steigt ohne künstliche Anhaltspunkte in »freies« Gelände ein. Über brüchige Steilschrofen abwärts zu einer Kammeinsenkung. Mehrere kleinere Graterhebungen werden direkt überstiegen bzw. in einem Fall rechts in der Südflanke umgangen. Aus der folgenden Scharte steigt man unmittelbar rechts von einer auffälligen Kluft über einen gleichmäßigen Schrofenhang ohne Schwierigkeiten auf den Gipfel des Tetter (auch Taderer, 2384 m). Dem nächsten Gratabbruch wird rechts durch eine brüchige Rinne ausgewichen. Man kehrt alsbald in Gratnähe zurück, wobei sich in der Folge manche Passagen effizienter in südseitiger Querung bewältigen lassen (Vorsicht: abschüssig). Im Gegenanstieg auf den mehrgipfligen Grünwandkopf (2321 m), der jenseits in steilen, unübersichtlichen Flanken gegen das Kar bei der Hochscharte abbricht. Am günstigsten erscheint ein Ausholen nach rechts

10

über eine Randerhebung, von der ein zwar steiler, aber ohne gefährliche Abbrüche versehener Schrofenhang ins geröllreiche, mitunter auch schneebedeckte Kar hinableitet. Weiter absteigend erreicht man die Hochscharte. Gleich dahinter über eine Steilstufe auf den begrünten Grat, der in zunehmender Steilheit, zuletzt mit etwas Kraxelei, auf den Kammertalkopf (2225 m) führt. Danach wird ein enger Spalt durchklettert, ehe man eine Höhle passiert und über angenehme Rasenhänge auf das Hintere Freieck (2309 m) mit seiner großen Gipfelwiese gelangt. Vom höchsten Punkt (mit dem Gipfelbuch, nicht mit dem Kreuz) ostwärts am abwechselnd steileren und flacheren Grat über das Vordere Freieck (2151 m) bergab; hin und wieder Steindauben. Nach den ersten Latschen wird es an einer grasbewachsenen Rampe nochmals sehr steil, ehe der latschenbewachsene Gratrücken über den Schönbachkopf (1870 m) wartet. Hier muss man sich dem »Kampf« mit dem Krummholz stellen, denn ein Ausweichen ist wegen der Steilheit der Flanken vorerst kaum möglich. Später kann eine Kuppe links umgangen werden. Von nun an trifft man häufiger auf Steindauben, die in kleinräumigem Auf und Ab durch Latschengassen zum Kleinen Göll (Göllscheibe, 1753 m) hinüberleiten.

Typische Schrofenlandschaft am Freieck

Abstieg: Am Kleinen Göll setzt eine rote Markierung ein (Route 456). Sie begibt sich durch die Krummholzzone bald in den Wald, passiert eine Quelle (endlich!) und führt in zahllosen Serpentinen durch die Nordflanke des Berges hinab. Weit unten angelangt, muss man noch ein Stück taleinwärts laufen, um über den Weißenbach zurück zum Ausgangspunkt zu gelangen.

11 Hoher Göll via Mannlsteig – Alpeltal

Zünftiger Klettersteig und stille Abstiegsvariante

K4

5 ½ Std.

↑830 Hm
↓1550 Hm

Charakter: Der Mannlsteig gilt als mäßig schwieriger Klettersteig, für Ungeübte bereits anspruchsvoll! Klettersteigausrüstung empfehlenswert. Der obere Teil des Anstiegs (Gölleiten) sowie der Abstieg sind deutlich leichter, aber wegen des vielen Gerölls recht beschwerlich. Im Alpeltal bis in den Sommer hinein ausgedehnte Schneefelder, u. U. Orientierungsschwierigkeiten.
Bewertung: K4 für den Mannlsteig, die Alpeltalroute kann mit W3 angegeben werden.
Ausgangspunkt: Kehlstein (1837 m), erreichbar per Bus vom Obersalzberg (keine Zufahrt mit privatem Pkw).
Endpunkt: Hinterbrand (1120 m); mit Bus zurück zum Parkplatz am Obersalzberg.
Höchster Punkt: Hoher Göll (2522 m).
Hütten: Keine, das Kehlsteinhaus bietet nur Bewirtung von Mai–Oktober.
Gehzeiten: Kehlstein – Mannlgrat – Hoher Göll 3 Std. – Alpeltal – Hinterbrand 2 ½ Std; insgesamt ca. 5 ½ Std.
Aufstiegsmeter: Kehlstein – Hoher Göll 830 Hm (Abstieg durchs Alpeltal 1400 Hm).
Skizze: Siehe Seite 43.

Gesicherte Kraxelei am Mannlgrat

Seit dem Jahr 1957 trägt der Mannlgrat vom Kehlstein zur Hauptmasse des Hohen Göll einen Klettersteig, und zwar einen landschaftlich besonders attraktiven moderater Schwierigkeit. Die Tour ist gespickt mit Überraschungen – engen Kaminen, luftigen Traversen auf schmalen Bändern, klaustrophobischen Felsspalten ... Stets ist man gespannt, wie es hinter der nächsten Ecke weitergeht. Das Vergnügen beginnt freilich schon mit der Aussicht vom Kehlstein, dem einstigen Teehaus Hitlers, heute eine der touristischen Top-Locations im zu Füßen liegenden Berchtesgadener Land. Bis zum Gipfel des Hohen Göll erweitert sich das Panorama natürlich nochmals immens. Wesentlich abgeschiedener nimmt sich

11

dagegen die Abstiegsroute durch das sommers wenig frequentierte Alpeltal aus.

Aufstieg: Man startet direkt am Kehlsteinhaus, das vom Busparkplatz durch einen Aufzug im Innern des Berges erreicht wird. Ein komfortabler Weg leitet am Kamm leicht aufwärts in ein wirres Felsenlabyrinth am Beginn der Mannlköpfe. Bald endet der gut ausgebaute Touristensteig und ein schmalerer Pfad übernimmt die Führung. Dieser verbleibt in ständiger Gratnähe, weicht den schroffen Felszacken selbst aber aus. An guten Sicherungen (Drahtseile und Steigbügel) wechseln wir mehrfach die Gratseite, wobei immer wieder enge Steilrinnen und Kamine sowohl im Auf- als auch im Abstieg zu meistern sind. Zwischendurch luftige Querungen in schrofigem Terrain und als Besonderheit zwei enge Felsdurchschlupfe, die beleibteren Personen Mühe bereiten können. Aufgrund zahlreicher kleiner Zwischenabstiege ist der Höhengewinn vorerst gering. Zum Ende des eigentlichen Mannlgrates geht es über eine Schuttrampe aufwärts zu einer Scharte und in einen senkrechten Kamin, der das letzte größere Hindernis bildet. Nach rund 1 ½ Std. erfolgt der Ausstieg auf die gleichförmig schrofige Gölleiten. Mit der Einmündung des Salzburger Steiges vom Purtschellerhaus (→Tour 9) zum Gipfel des Hohen Göll (2522 m) hinauf.

Tipp

Der Mannlgrat lässt sich auch hervorragend mit Teilen von Tour 9 kombinieren, also mit der Überschreitung zum Hohen Brett oder mit dem Salzburger Steig via Purtschellerhaus. In letzterem Fall kann man eine Rundtour am Ofnerboden (Roßfeldstraße) starten; die Gesamtgehzeit liegt bei 8 Std.

Abstieg: Vom Gipfel südostwärts in die Göllscharte hinab. Dort klinkt man sich aus der Hauptroute aus und steigt nach rechts auf die gerölllig-karstigen Göllsanden ab. Man hält sich vorerst eine ganze Weile im rechten Teil des weiten Einschnitts (nahe der Göll-Südabstürze), wobei bis weit in den Sommer hinein mit ausgedehnten Schneefeldern zu rechnen ist. Weiter unten verflacht sich das Gelände vorübergehend. Nachdem wir vorher die Richtung des markanten Pflughörndls anvisiert haben, müssen wir rechtzeitig deutlich nach links leicht aufwärts traversieren, um nicht in die Abbrüche des Endstals, sondern ins Alpeltal zu gelangen. Von der Geländeschwelle wieder steiler und teils recht ruppig abwärts, im unteren Bereich noch kurzzeitig gesichert, zur Dürreckstraße hinaus, die man knapp unterhalb des Parkplatzes Hinterbrand erreicht.

12 Hohes Brett über Brettgabel

Abwechslungsreiche Überschreitung des Göll-Ausläufers

W3–4

6 Std.

↑↓ 1220 Hm

Charakter: Bergtour ohne wesentliche Kletterei, die aufgrund fehlender Markierung und über weite Strecken weglosen Geländes jedoch grundlegende Bergerfahrung verlangt. Die Steilpassagen im Bereich der Brettgabel erfordern ausgeprägte Trittsicherheit, die weitläufige Gipfelabdachung guten Routeninstinkt (sehr heikel bei Nebel). Eine Stufe leichter ist der südseitige Normalweg, Trittsicherheit ist allerdings auch hier angezeigt.
Bewertung: W3–4 für den Aufstieg via Brettgabel, höchstens W3 für die Normalroute.

Ausgangspunkt: Hinterbrand (1120 m), großer Parkplatz am Ende der Dürreckstraße; auch Busverbindung von Berchtesgaden.
Höchster Punkt: Hohes Brett (2340 m).
Hütten: Stahlhaus (1728 m), ÖAV, ganzjährig bew., Tel. (D)-08652/27 52.
Gehzeiten: Hinterbrand – Brettgabel 2 Std. – Hohes Brett 1 1/2 Std. – Mitterkaseralm – Hinterbrand 2 1/2 Std.; insgesamt 6 Std.
Aufstiegsmeter: Hinterbrand – Brettgabel 680 Hm – Hohes Brett 540 Hm.
Skizze: Siehe Seite 43.

Das Hohe Brett als südwestlicher Ausläufer des Göllstocks wird sehr häufig bestiegen, zumal es auch dem weniger trainierten Bergwanderer keine übermäßig großen Mühen auferlegt. Der Aufstieg über den Normalweg ist technisch wenig schwierig und lässt sich von der Jenner-Bergstation aus in gut 2 Std. bewältigen. Eingeweihte wissen indes um eine andere Route, die zwar in allen Belangen (Trittsicherheit, Ausdauer und Orientierungsvermögen) etwas mehr fordert, die Besteigung allerdings zu einer interessanten und abwechslungsreichen Rundtour aufpeppt. Gemeint ist der stille Aufstieg über die Brettgabel – übrigens für sich allein schon ein lohnendes Ziel mit exzellenter Aussicht –, der ohne ausgebauten Steig vor allem den routinierten, geländegängigen Bergfreund anspricht. Steilpassagen in der unteren sowie weitläufiges Schrofenterrain in der oberen Hälfte ergeben alles andere als einen trivialen Verlauf, bei dem obendrein der landschaftliche Rahmen vollauf begeistert.

Aufstieg: Vom Parkplatz Hinterbrand auf breitem Wirtschaftsweg ein Stück in Richtung Jenner-Mittelstation. Bereits kurz hinter der Schranke zweigt nach links ein unbezeichneter Weg ab, der uns durch Wald zu einer Almwiese hinaufbringt. Auf dieser vollzieht man einen Bogen um die weiter hinaufreichenden Waldparzellen und gewinnt auf steilem, erdigem Pfad zusehends an Höhe.

12

Unterhalb schrofferer Felshänge in einer Traverse nach links, auf die eine schrofige Rinne folgt. Sie leitet zum Grat hinauf, wo man in wenigen Schritten nach links zu Kreuz und Bank auf der Brettgabel (1805 m) gelangt. Diese herrliche Panoramakanzel, die uns den ganzen Berchtesgadener Talkessel zu Füßen legt, lädt zu einer längeren Rast buchstäblich ein. Anschließend begibt man sich weiter an die Bergmasse des Hohen Brett heran. Eine Rinne und eine nachfolgende Latschengasse leiten zur freien, schrofigen Nordwestabdachung hinauf, die jetzt keinerlei geländebedingte Schwierigkeiten mehr aufwirft, bei schlechter Sicht unter Umständen jedoch immense Orientierungsprobleme. Schwache Trittspuren in den Rasenpolstern sowie einige Steinmännchen weisen uns einen günstigen Weg hinauf zum abgeflachten Gipfel, den man entweder rechts haltend über das Jägerkreuz (zuletzt gemeinsam mit dem Normalweg) oder etwas direkter weiter links über den Bergrücken wählen kann.

Abstieg: Dieser ist im Rahmen der Göll-Überschreitung (→Tour 9) im Detail beschrieben.

Das Hohe Brett im Abendlicht

Hagengebirge

Das Hagengebirge erstreckt sich als weitläufiges Tafelgebirge im Osten der Berchtesgadener Alpen, genauer: zwischen der Königsseefurche und dem Salzachtal. Der westliche, zum Königssee ausgerichtete Teil bis zum Einschnitt des Landtales wird in Anlehnung an die bekannte Gotzenalm häufig auch eigenständig als Gotzenberge bezeichnet. Im Wesentlichen bis zur Landesgrenze konzentriert sich auch das bergtouristische Interesse der Besucher, sei es auf der so genannten Kleinen Reibn über den Schneibstein, auf klassischen Gipfeltouren zu Kahlersberg, Teufelshörnern und Co., auf längeren Durchquerungen der Berchtesgadener Alpen oder leichteren Almwanderungen oberhalb des Königssees. Unterstützt werden diese Unternehmungen durch die voll bewirtschafteten Hütten auf der Gotzenalm und am Torrener Joch (der Nahtstelle zum Göllmassiv) sowie der einfach bewarteten, dennoch sehr zweckmäßigen Wasseralm in der Röth (am Übergang ins Steinerne Meer). Auch wenn einige wenige Punkte und Wanderlinien regen Zuspruch erhalten, kann von Überlaufenheit kaum die Rede sein. So gibt es ruhige Winkel in Hülle und Fülle – man braucht sie nur aufzuspüren.

Der große Rest des Hagengebirges, der sich überwiegend auf salzburgischer Seite befindet, besitzt überhaupt einen abweichenden Status. Geologisch handelt es sich um ein riesiges, gegen Norden geneigtes und mit mehr oder minder schütterer Vegetation bedecktes Karstplateau (was ja absolut typisch für die Gegend ist), touristisch gesehen ist es wohl die einsamste Gegend in den gesamten Berchtesgadener Alpen. Was nicht allein mit dem Fehlen von Stützpunkten und dem unwegsamen Gelände, das vor allem die Orientierung schwierig macht, zu tun hat. In enger Wechselwirkung steht auch die Historie des Hagengebirges

Blick vom Rifflkopf über die weltabgeschiedene Hochfläche des Hagengebirges

als Jagdgebiet. Touristische Erschließungen jedweder Art sind und waren also nie erwünscht; im Jahr 1983 erfolgte eine Ausweisung als Naturschutzgebiet. Eine grenzübergreifende Angliederung an den Nationalpark Berchtesgaden war immer mal wieder im Gespräch, kann aber derzeit nicht als wahrscheinlich erachtet werden.

Zumal das zentrale Hagengebirge arm an topografischen und damit auch alpinistischen Höhepunkten ist, wird es nur wenige Individualisten geben, die hier durchs Gelände streifen. Am einfachsten wäre dies noch auf dem Verbundsteig, der diagonal von Nordost nach Südwest über das Plateau zieht, aber wegen der parallel laufenden Überlandleitung (zu deren Zweck er ja eingerichtet wurde) nicht besonders empfehlenswert erscheint. In diesem Führer soll aber zumindest Augenmerk auf zwei interessante Touren im Randbereich gelenkt werden: zum einen die Schneibsteintour aus dem Bluntautal mit ungewöhnlicher Abstiegsvariante, zum anderen die landschaftlich großartige Überschreitung von Tristkopf und Rifflkopf als Eckpfeiler hoch über dem Salzachtal. Dem Verfasser bescherte sie die letzte überraschende »Entdeckung« vor Abschluss der Erkundungen für diesen Führer und ein echtes Tourenschmankerl.

13 Die Kleine Reibn

Beliebte Ski- und Wanderrunde über den Schneibstein

W2

6 Std.

↑700 Hm
↓1320 Hm

Charakter: Unschwierige Bergwanderung auf markierten Pfaden, bei der stellenweise etwas Trittsicherheit angezeigt ist. Bei schlechter Sicht können Orientierungsprobleme auftreten, insbesondere zwischen Schneibstein und Seelein. Die ganze Runde erfordert solide Ausdauer, denn sie zieht sich beachtlich in die Länge.
Bewertung: Trotz alpinen Geländes bei guten Verhältnissen kaum höher als W2.
Ausgangspunkt: Jenner-Bergstation (1802 m), Seilbahn von Dorf Königssee.
Endpunkt: Jenner-Mittelstation (1185 m).
Höchster Punkt: Schneibstein (2276 m).
Hütten: Stahlhaus (1728 m), ÖAV, ganzjährig bew., Tel. (D)-08652/27 52; Schneibsteinhaus (1668 m), TVN, Ende April–Ende Oktober, Tel. (D)-08652/25 96.
Gehzeiten: Jennerbahn – Stahlhaus ½ Std. – Schneibstein 1 ¾ Std. – Seelein 1 ½ Std. – Priesbergalm 1 Std. – Jenner-Mittelstation 1 ¼ Std.; insgesamt 6 Std.
Aufstiegsmeter: Jennerbahn – Schneibstein 600 Hm – Seelein – Mittelstation 100 Hm (Abstieg insgesamt 1320 Hm).

Als Kleine Reibn wird allgemein eine beliebte Skirundtour im nördlichen Hagengebirge bezeichnet, die im Wesentlichen eine Überschreitung des Schneibstein darstellt. Im Sommer ist

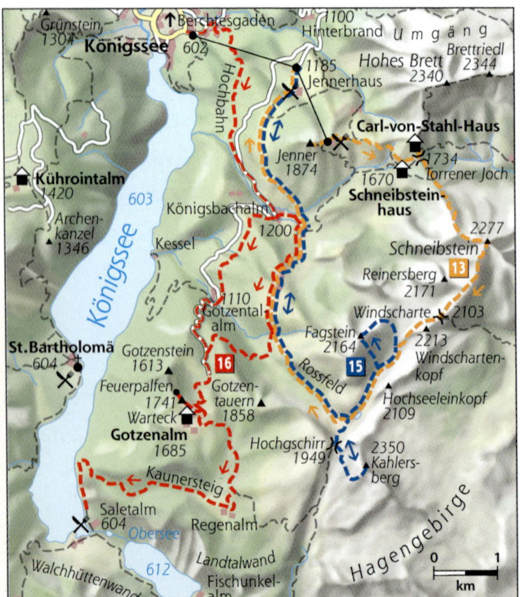

Tipp

Während des Übergangs vom Schneibstein zum Seelein sind zwei kurze, weglose Abstecher durchführbar: Der **Reinersberg (2171 m)** lässt sich über seine unscheinbare Ostseite leicht besteigen und besticht dann mit dem nordseitigen Abbruch der Königstalwand. Etwas weiter südlich erhebt sich der **Windschartenkopf (2211 m)**, von der Windscharte in 20 Min. über etwas steilere Schrofenhänge zu erreichen. Vergleichsweise höheren Mehraufwand erfordern hingegen Fagstein und Kahlersberg, die hier in einem separaten Kapitel (→Tour 15) vorgestellt werden.

13

sie eine der schönsten und abwechslungsreichsten Wanderungen in diesem Gebiet. Der Schneibstein gilt nicht nur als hervorragender Aussichtspunkt (es bieten sich unter anderem herrliche Blicke auf die Watzmann-Ostwand, in den Tennengau sowie südwärts über die weiten Hochflächen des Hagengebirges, Steinernen Meeres und Hochkönigs), sondern auch als der am leichtesten zugängliche Zweitausender der Berchtesgadener Alpen. Jenseits des Schneibstein beginnt die Stille und Abgeschiedenheit des Hagengebirges mit seinen herben Karstzonen und dem zauberhaften, versteckten Kleinod des Seeleinsees. Nach dem alpinen Teil vollzieht sich der Abschluss der Tour in einer malerischen Almlandschaft, wobei neben der Rückkehr zur Jenner-Mittelstation auch ein direkter Talabstieg über die Hochbahn nach Dorf Königssee in Betracht gezogen werden kann.

Aufstieg: Falls man sich der Seilbahn bedient, wird man zunächst die wenigen Schritte zum Aussichtsgipfel des Jenners (1874 m) nicht versäumen. Anschließend kurz hinab zum Jennersattel und auf komfortabler, fast horizontaler Trasse hinüber zum Stahlhaus

Der Schneibstein zählt zu den meistbestiegenen Gipfeln in den Berchtesgadener Alpen.

13

(1728 m) am Torrener Joch. Von dort führt Weg 416 südostwärts durch eine Latschenzone, nimmt den vom Schneibsteinhaus kommenden Steig auf und beginnt etwas stärker anzusteigen. Über freie Schrofenhänge auf die mäßig steile Nordwestabdachung des Schneibstein und links haltend zum Gipfel. Dieser bildet ein geräumiges Plateau, stürzt aber nordostseitig schroff gegen das Bluntautal ab.

Ein wahres Landschaftsjuwel: das Seelein

Abstieg: Die Fortsetzung von Route 416 zieht in südwestlicher Richtung leicht absteigend zur Windscharte (2103 m). Auf diesem Wegabschnitt sind häufig Gämsen zu beobachten. Rechts am Windschartenkopf vorbei und weiter abwärts in einen Geländeeinschnitt zwischen dem Fagstein rechts und dem Hochseeleinkopf zur Linken. Das Gelände ist verkarstet und nicht überall gut zu überblicken. Wir gelangen in den idyllischen Kessel mit dem Seeleinsee (1809 m) und folgen wenige Schritte später rechts der Abzweigung Nr. 497 (geradeaus ginge es übers Hochgschirr ins Landtal). Durch den Stiergraben abwärts und am Auslauf unter den Hohen Roßfeldern zur Priesbergalm (1460 m), die auf einem großartigen Aussichtsbalkon liegt. Ein breiter Almweg leitet schließlich an der Enzianbrennhütte vorbei bis zur Verzweigung oberhalb der Königsbachalm und geradeaus weiter über die Strub- und Wasserfallalm zur Jenner-Mittelstation.

Schneibstein aus dem Bluntautal

14

Bekannter Gipfel und einsame Abstiegsvariante

W3

10 3/4 Std.

↑↓ 1870 Hm

Charakter: Der Aufstieg über das Torrener Joch zum Schneibstein vollzieht sich auf unproblematischen Bergwegen; der Anspruch dieser Tour liegt eindeutig beim einsamen, teilweise verwachsenen Abstiegsweg durchs Schlumtal. Aufgrund Länge und Ruppigkeit nur für absolut trittsichere und ausdauernde Geher. Mehrmals kurze gesicherte Abschnitte (auch Holztritte), dazu häufig überwucherte Pfade, die bei Nässe sehr glitschig sein können und vor allem in den Steilpassagen nicht ungefährlich sind. Immerhin: die Markierung ist tadellos.
Bewertung: W3 unterhalb der Windscharte und am Schlumsteig, sonst meist leichter.
Ausgangspunkt: Gasthaus Bärenhütte (507 m), Fahrstraße von Golling im Salzachtal; keine Busanbindung.
Höchster Punkt: Schneibstein (2276 m).
Hütten: Stahlhaus (1728 m), ÖAV, ganzjährig bew., Tel. (D)-08652/27 52.
Gehzeiten: Bärenhütte – Stahlhaus 3 1/2 Std. – Schneibstein 1 3/4 Std. – Schlumtal – Bärenhütte 5 1/2 Std.; insgesamt 10 3/4 Std.
Aufstiegsmeter: Bärenhütte – Stahlhaus 1220 Hm – Schneibstein 550 Hm – Schlumtal – Bärenhütte 100 Hm.
Skizze: Siehe Seite 43.

Wie nah reger Tourismus und stille Abgeschiedenheit in den Bergen beieinander liegen können, führt uns dieser Tourenvorschlag drastisch vor Augen. Anschauungsobjekt ist gewissermaßen der Schneibstein mit seiner Umgebung, dem viel besuchten Jennergebiet auf der einen und den einsamen Ausläufern des Hagengebirges auf der anderen Seite. Wird die Überschreitung des Schneibstein Richtung Seelein (→Tour 13) noch recht häufig ausgeführt, so bleibt die Abzweigung über die Windscharte ins Schlumtal in aller Regel buchstäblich links liegen. Dabei offenbart sich hier eine Szenerie, die ganz typisch ist für die Berchtesgadener Alpen und durchaus ihre Reize besitzt – sofern man sich mit verwilderter Landschaft und beschwerlichen, ermüdenden Pfaden anfreunden kann. Es soll nicht verschwiegen werden, dass der Schlumsteig mehr »in die Knochen« gehen kann als manch hochalpine Gipfeltour. In diesem Fall wird der Schneibstein also zur Abwechslung als Rundtour von Salzburger Seite, aus dem tief eingeschnittenen Bluntautal, angegangen, womit er sich zu einem veritablen Brocken auswächst.

Aufstieg: Von der Bärenhütte ins hintere Bluntautal hinein. Schon nach wenigen Minuten verzweigen sich die Routen: Entweder bleibt man auf dem breiten Fahrweg (Nr. 451), der in der Folge

14

unzählige, recht flache Kehren vollführt, oder wählt den Jochalmweg (Nr. 451a), der auf der anderen Seite des Fischbachs zur Unterjochalm (1173 m) hinaufzieht. Dahinter gemeinsam über die Oberjochalm hinauf zum Torrener Joch, dem Grenzsattel und Standort des Stahlhauses (1728 m). Von dort steigt man auf der üblichen, bei Tour 13 beschriebenen Route zum Schneibstein auf.

Urwüchsige Szenerie im Schlumtal

Abstieg: Man setzt die Überschreitung zunächst bis zur Windscharte (2103 m) fort und wendet sich in der Einsattelung nach Osten, zurück auf die Salzburger Seite (Route 454). An steilen Schrofenhängen mit Hilfe einzelner Drahtseile abwärts in die Karmulde des hintersten Schlumtals (mitunter Schneefelder). In dem Einschnitt weiter, bald aber mehr rechts haltend und zur verfallenen Hinterschlumalm (1690 m). Spätestens ab hier muss mit teilweise stark überwachsenen Pfaden gerechnet werden, die ein zügiges Vorankommen erschweren und besonders bei Nässe sehr unangenehm werden. Es folgt eine langwierige Querung am rechten Rand des Schlumtals (die Talsohle verbleibt einige Meter unterhalb) bis zur ebenfalls aufgelassenen Vorderschlumalm (1482 m), wobei man zwischendurch auch hin und wieder ein paar Meter ansteigen muss. Bei der Weggabelung nehmen wir den linken, kürzeren Steig, auf dem eine etwas ausgesetzte, teils versicherte Traverse über »Wohlmuet« zu bewältigen ist (rechts Variante über die Seealm). Am Beginn des sehr steilen Schlussabstiegs vereinigen sich die Routen wieder und leiten windungsreich durch den bewaldeten Einschnitt zwischen Kühleit- und Underenwand hinab ins Bluntautal. Mit dem Rauschen des Torrener Wasserfalls im Ohr zuletzt flach talaus zur Bärenhütte.

Kahlersberg und Fagstein

15

Stille Aussichtskanzeln im westlichen Hagengebirge

W3

9 1/4 Std.

↑↓ 1550 Hm

Charakter: Nach Zustieg über Almstraßen und gewöhnliche Bergwege am Kahlersberg schwach markierter, etwas ausgesetzter Fels- und Schrofensteig (eine Passage gesichert), am Fagstein wegloses, aber unschwieriges Gelände. Grundlegende Bergerfahrung notwendig, die Abstiegsvariante zur Königstalalm verlangt besonderes Routengespür. Strammes Programm, das sich mit nur einem Gipfel auf rund 7 Std. reduziert.
Bewertung: Mindestens W3.
Ausgangspunkt: Mittelstation (1185 m) der Jennerbahn von Dorf Königssee oder geringfügig weiter vom Parkplatz Hinterbrand (1120 m) am Ende der Dürreckstraße; Busverbindung von Berchtesgaden.
Höchster Punkt: Kahlersberg (2350 m).
Hütten: Keine am Weg.
Gehzeiten: Jenner-Mittelstation – Seelein 2 3/4 Std. – Kahlersberg 1 1/2 Std. – Seelein 1 Std. – Fagstein 1 Std. – Jenner-Mittelstation 3 Std.; insgesamt 9 1/4 Std.
Aufstiegsmeter: Jenner-Mittelstation – Seelein 670 Hm – Kahlersberg 530 Hm – Fagstein 350 Hm.
Skizze: Siehe Seite 54.

In puncto Höhe nimmt der Kahlersberg nach dem Großen Teufelshorn den zweiten Platz im Hagengebirge ein. Aufgrund des abwechslungsreichen Aufstiegs und seiner bemerkenswerten Aussicht ist er ein sehr dankbares, allerdings nicht gerade schnell erreichbares Ziel. Die touristisch erschlossenen Bereiche sind hier schon ein ordentliches Stück entfernt, was dem ursprünglichen Charakter zweifellos zugute kommt. Nicht selten hat man das Glück, Steinböcke beobachten zu können. Ein Nachbarziel, knapp

Die Priesbergalm, Aussichtsloge für die Watzmann-Ostwand

200 m niedriger, aber speziell nach Westen zum Watzmann und Königssee hin ebenfalls mit prachtvoller Aussicht begünstigt, ist der Fagstein. Hier gibt es nicht mal einen bezeichneten Pfad, weshalb einem die viel beschworene Bergesruh' gewiss sein kann.

Aufstieg zum Kahlersberg: Die Tour beginnt auf dem breiten, beschaulichen Weg 497 durch das Areal der Strub- und Königsbachalm. Hinter einer Bachbrücke steiler zur Enzianbrennhütte und weiter zur Priesbergalm (1460 m) hinauf (toller Watzmannblick!). Hier übernimmt ein Steig die Führung. Bei einem Graben trennen sich die Routen zum Unteren Hirschenlauf und Richtung Seelein/Kahlersberg. Wir nehmen den linken, oberen Weg und wandern über erdig-karstiges Terrain durch den Stiergraben zu einer Geländeschwelle empor, hinter der die bezaubernde Seeleinmulde liegt. Nun rechts in den mit großen Blöcken über-

Mit dem Kahlersberg präsentiert das Hagengebirge eine seiner Bergpersönlichkeiten.

15

säten Sattel des Hochgschirr (1949 m) hinauf, wo sich ein großartiger Blick ins östliche Steinerne Meer auftut. Während sich der Hauptweg jenseits ins Landtal absenkt (Variante für den späteren Abstieg; man würde zum Obersee und zur Schiffsanlegestelle Salet gelangen), führt eine schwächere Spur über einen Geröllhang an die klobige Felsmasse des Kahlersberges heran. Dieser Pfad ist durchaus ausgesetzt, besonders an der Engstelle des so genannten Mauslochs. Einige Drahtseile zum Festhalten beruhigen die Nerven. Immer schräg rechts aufsteigend gelangt man wieder in leichteres Gelände, vollzieht auf der grasbewachsenen Südwestabdachung schließlich einen scharfen Linksknick und erreicht wenig später das ausgedehnte Gipfelplateau mit der überwältigenden Aussicht über das öde Hagengebirge.

Zum Fagstein: Der Fagstein (2164 m) wird angegangen, indem man sich bei der Abzweigung nahe des Seeleins nach links wendet, das Ufer passiert und weiter sanft in das Hochtälchen ansteigt, bis sich links günstige Möglichkeiten für einen weglosen Aufstieg bieten. Die grasige, von Karren durchsetzte Südostflanke ist von unten nicht vollständig zu überschauen, weshalb man einen gewissen Routeninstinkt beweisen muss. Das Gelände ist – mit unterschiedlichen Mühen – allerdings fast überall gangbar. Am besten peilt man so bald wie möglich den Südrücken an, über den sich der kreuzgeschmückte, jenseits steil zu den Hohen Rossfeldern abbrechende Gipfel am leichtesten erreichen lässt.

Abstieg: Den Gipfel überschreitend steigen wir am nordostwärts gerichteten Grat abwärts, wenden uns jedoch bald in die Flanke zur Rechten, um den weitläufig verkarsteten Sattel zwischen Fagstein und Windschartenkopf anzusteuern. Ganz in der Nähe zieht der markierte und regelmäßig begangene Weg 416 vorbei, der im Rahmen der Kleinen Reibn (→Tour 13) beschrieben wurde. Auf ihr via Seelein, Stiergraben und Priesbergalm zurück zum Ausgangspunkt. Alternativ kann man sich an der Einsattelung auch weglos nach Norden wenden. Das zerklüftete Gelände ist mühsam und unübersichtlich; nur einzelne Steindauben helfen bei der Routenfindung. Am Sockel des mit der Königstalwand steil abbrechenden Reinersberges geht es in eine Mulde und links haltend zur Königstalalm hinab. Von dort leicht zur Hauptwanderroute (Weg 497) hinaus.

16 Über die Gotzenalm nach Salet

Wanderklassiker vis-à-vis der Watzmann-Ostwand

W2–3

7 Std.

↑↓1290 Hm

Charakter: Ausgedehnte Wanderung durch Alm- und Waldgebiete, die an den Steilpassagen, namentlich am Unteren Hirschenlauf und Kaunersteig, Trittsicherheit verlangt. Bei Nässe beschränke man sich auf die leichtere Ausführung. Als Tagestour recht stramm, allerdings etwas Spielraum zur Verkürzung.
Bewertung: W2–3 am Unteren Hirschenlauf und Kaunersteig, sonst meist W1.
Ausgangspunkt: Dorf Königssee (602 m); großer, gebührenpflichtiger Parkplatz, Busverbindung mit Berchtesgaden.
Endpunkt: Anlegestelle Salet (604 m) der Königssee-Schifffahrt; knapp 1 Std. Fahrzeit retour.
Höchster Punkt: Feuerpalfen (1741 m).
Hütten: Gotzenalm (Springlkaser, 1685 m), privat, Pfingsten–Mitte Oktober, Tel. (D)-08652/69 09 00.
Gehzeiten: Dorf Königssee – Königsbachalm 2 Std. – Gotzenalm ca. 2 ½ Std. – Salet 2 ½ Std.; insgesamt 7 Std.
Aufstiegsmeter: Dorf Königssee – Königsbachalm 590 Hm – Feuerpalfen 700 Hm.
Skizze: Siehe Seite 54.

Gute tausend Höhenmeter direkt über dem Königssee gelegen, zählt die Gotzenalm zu den beliebtesten Wanderzielen im Berchtesgadener Land. Auf dem weiten, lieblichen Almplateau mit seinen Kasern erahnt man kaum die Steilflanken, die unweit zum Königssee abbrechen. Doch dafür muss man nur einen kurzen Abstecher unternehmen, zu einer der atemberaubendsten Aussichtskanzeln und legendären Königssee-Logen: Der Tiefblick vom Feuerpalfen auf den dunkelblauen See mit der Halbinsel und dem Kirchlein St. Bartholomä sucht wahrlich seinesgleichen. Komplett ist die Szenerie freilich erst mit der mächtig aufschießenden Watzmann-Ostwand, die man von nirgendwo besser einsieht. Ein Traumplatz schlechthin! Von diesem Highlight abgesehen bietet die ausschweifende Wanderung über die Gotzen noch vielseitige Eindrücke, vor allem von den Almlandschaften auf »halber Höhe«. Es muss ja schließlich nicht immer ein Gipfel sein ...

Aufstieg: Vom großen Parkplatz gehen wir an der Jennerbahn vorbei zur so genannten Hochbahn, einer breit ausgebauten Trasse (Nr. 493), die oberhalb des Königssees an Höhe gewinnt und zur Königsbachalm (1191 m) hinaufzieht. Von hier bestehen zwei Möglichkeiten: Entweder folgt man dem rechts weiterführenden Weg um einen Geländerücken herum und dann sanft abwärts

16

zur Gotzentalalm (1115 m), wo sich der Zustieg von der Bedarfsanlegestelle Kessel (Nr. 494, ca. 1 ½ Std.) dazugesellt und ein Wirtschaftsweg in Kehren weiter bergauf zieht. Oder man hält sich bei den Almhütten links und stößt auf den von der Jenner-Mittelstation kommenden Weg 497, der im Übrigen eine bequemere Zugangsvariante bietet. In diesem Fall wandern wir weiter zur Priesbergalm (1460 m) hinauf und zweigen dahinter, gleich nach einem Bacheinschnitt, rechts zum Unteren Hirschenlauf ab. Dieser mit etlichen Holzstiegen versehene und daher oft rutschige Steig (Nr. 495) durchmisst mit etwas Höhenverlust einen Geländekessel und führt dann wieder ansteigend zur Vereinigung mit ersterer Variante bei der Seeaualm. Schließlich wartet noch eine Reihe von Serpentinen, ehe man die Geländeschwelle zum Almplateau der »Gotzen« überschreitet. Gleich vorn zweigt rechts das Weglein zum nahen Feuerpalfen (1741 m) ab, den nun wirklich niemand versäumen sollte.

Abstieg: Nach dem Schaugenuss am Feuerpalfen und einer kulinarischen Stärkung auf der Gotzenalm folgen wir dem Reitweg in südliche Richtung, bis sich die Lichtung der Regenalm (1540 m) unter uns auftut. Während Nr. 493 weiter ins Landtal und Richtung Wasseralm führt, vertrauen wir uns dem mit Nr. 492 ausgewiesenen Kaunersteig an, der rechts hinab über die Almwiesen leitet. Allmählich wieder in Wald eintauchend, wird das Gelände bald steiler. In vielen Kehren, bei denen wiederum oft Holzstufen eingesetzt worden sind, leitet der Kaunersteig hinab zum Ufer des Königssees, an dem wir noch ein Stück nach links (Süden) entlanggehen, um zur Schiffsanlegestelle Salet zu gelangen.

Blick von der Hochbahn in die lang gestreckte Furche des Königssees

17 Großes und Kleines Teufelshorn

Überschreitung der Zwillinge über der Röth

F4–5

11 Std.

↑↓ 1860 Hm

Charakter: Der hohe Anspruch resultiert vor allem aus dem an einer Stelle sehr luftigen Gratübergang zwischen beiden Gipfeln (bis II, wenige Steindauben). Die Normalanstiege (evtl. auch getrennt voneinander auszuführen) sind eine Stufe leichter, verlangen aber – ebenso wie der gesicherte Röthsteig – einen bergerfahrenen, trittsicheren Geher (Stellen I in steilen Schrofen). Markierung am Großen Teufelshorn gut, am Kleinen eher spärlich. Bei Planung Fahrzeiten der Schiffe beachten.
Bewertung: WF3–4 für die beiden Normalwege, F4–5 für die Gipfelüberschreitung, Zustieg über Röthsteig W3.

Ausgangspunkt: Salet (604 m), Schiffsanlegestelle am Südende des Königssees; knapp 1 Std. Fahrzeit
Höchster Punkt: Großes Teufelshorn (2361 m).
Hütten: Wasseralm (1416 m), DAV, bewartet von Mitte Juni–Anfang/Mitte Oktober (offiziell Selbstversorgerhütte).
Gehzeiten: Salet – Wasseralm 3 Std. – Gr. Teufelshorn 3 Std. – Kl. Teufelshorn 3/4 Std. – Wasseralm 2 Std. – Salet 2 1/4 Std.; insgesamt 11 Std. (1 1/2 Tage).
Aufstiegsmeter: Salet – Wasseralm 820 Hm – Gr. Teufelshorn 950 Hm – Kl. Teufelshorn 90 Hm.

Blickt man vom Südende des Königssees über den Obersee in die Röth, so beherrschen die beiden Teufelshörner steinernen Zwillingen gleich die Szenerie. Mit 2361 m ist das Große die höchste Erhebung im Hagengebirge. Auf beide Gipfel führen – weitgehend getrennt – mehr oder minder deutlich markierte Normalrouten, die sich auch für ambitioniertere Bergwanderer eignen. Kenner rühmen indes die Überschreitung in ei-

Ein auffälliges Gipfelpaar: die beiden Teufelshörner über der Röth

nem Zug, bei der am Nordostgrat des Kleinen Teufelshorns allerdings eine kurze, ausgesetzte Passage II. Grades gemeistert werden muss. Als Stützpunkt dient die urige Wasseralm – sie ist sogar praktisch unerlässlich, wenn man an den langen (und keineswegs harmlosen) Zustieg über den Röthsteig und die zweimalige Bootsfahrt über den Königssee denkt, die an einem Tag kaum unterzubringen sind. Die Wasseralm bietet neben der Nächtigungsmöglichkeit während der Saison auch einfache Verpflegung (verdursten oder verhungern wird hier also niemand), kann aber nicht als voll bewirtschaftete Berghütte im üblichen Sinn angesprochen werden. Der Romantik kommt dies durchaus zugute, wie überhaupt die gesamte Tour von besonders urtümlichen Impressionen aus einer entlegenen Ecke des Nationalparks geprägt ist. Highlights sind die Ausblicke über Hagengebirge, Hochkönig, Steinernes Meer und Watzmann, die sich ringsum prachtvoll anordnen.

Zustieg zur Wasseralm: Vom Landungssteg auf breitem Weg am Gasthaus Saletalm vorbei in Richtung Obersee (Nr. 424). Entlang dem rechtsseitigen Ufer wird »am Wandl« eine felsige, mit Seilgeländer versehene Stelle passiert, ehe man zur Fischunkelalm gelangt. Noch vor der Almhütte rechts ab und durch ein Waldstück leicht ansteigend in den beeindruckenden Kessel unter der

17

Röthwand. Links der Steilwände, über die ein Wasserfall schießt, zieht nun der ausgesetzte Röthsteig empor. Bei P. 940 wäre noch ein Ausweichen auf den etwas leichteren Landtalsteig möglich, der links ausholend oberhalb des Gewänds Richtung Wasseralm führt (etwas länger). Sonst auf dem Röthsteig mit etlichen gesicherten Passagen (große Vorsicht bei Nässe!) schräg rechts ansteigend, bis man an der Geländeschwelle in dichteren, urwüchsigen Wald tritt. Dort wird der Röthbach nach rechts überschritten, ehe wir die große Lichtung der Wasseralm (1416 m) in der Röth erreichen. An der Diensthütte des Nationalparks vorbei in wenigen Schritten zur Unterkunft.

Aufstieg zum Großen Teufelshorn: Gleich hinter der kleinen Brücke zweigt die bezeichnete Route Richtung Teufelshörner ab. Im baumbestandenen Karstmuldengelände verlaufen beide Anstiege zunächst gemeinsam, ehe nach ca. 45 Min. der besser markierte Pfad links weiter zum Großen Teufelshorn zieht, während jener nach rechts zum Kleinen etwas weniger ausgeprägt ist. Auf Letzteren wollen wir später nach der Überschreitung zurückkehren. Also links weiter in freieres Gelände und durch eine seichte, mit Karrenfeldern durchsetzte Rinne aufwärts. An einer nach links abfallenden Karschwelle steigen wir unterhalb des gewaltigen Trichters zwischen beiden Gipfeln gegen den Nordwestrücken des Großen Teufelshorns an. Nach dem Schrofenvorbau über leichte Kletterstellen (I) und eine Art Rinne auf den breiteren, aber dennoch recht steilen Schrofenrücken, der direkt zum Gipfel führt.

Abstieg über das Kleine Teufelshorn: Zu Beginn weicht man der Gratkante ein Stück aus, indem man am Sockel eines Plattenschusses schräg rechts absteigt. Dann scharf links und über Schrofen in die Einsattelung der Teufelsnieder. Am aufsteilenden Nordostgrat des Kleinen Teufelshorns (2283 m) folgt bald die Schlüsselstelle (II), bei der es einige Meter sehr luftig an der Kante emporgeht. Anschließend legt sich der Grat wieder zurück und leitet in Kürze auf den Gipfel. Im Abstieg folgen wir dem gegen das Blühnbachtörl (2022 m) hinabziehenden Gratrücken, der sich am begrünten Schlossanger rasch verbreitert. Noch vor dem Törl rechts haltend in einen gassenartigen Kareinschnitt hinab, an deren rechter Seite man die bekannte Weggabelung erreicht. Über die Wasseralm und den Röth- oder Landtalsteig zum Königssee zurück.

Tristkopf und Rifflkopf

18

Stille Randgipfel über dem tiefen Salzachtal

W3–4

10 Std.

↑↓ 2040 Hm

Charakter: Der Tristkopf bietet einen langen, aber durchwegs markierten und bergsteigerisch leichten Anstieg (ostseitig, im Sommer sehr heiß). Übergang zum Rifflkopf weglos und frei von Markierungen (allenfalls vereinzelte Steindauben und spärliche Trittspuren); damit deutlich anspruchsvoller, wenngleich nur kurze Kletterstellen im I. Grad vorkommen.
200 Hm unterhalb des Gipfels wird wieder eine markierte Route erreicht. Grundvoraussetzungen sind neben Trittsicherheit und ausgeprägtem Orientierungsvermögen eine enorme Ausdauer und unbedingt stabile Wetterverhältnisse mit ausreichender Sicht!

Bewertung: W3–4 für den weglosen Übergang zwischen den Gipfeln; bei Beschränkung auf den Tristkopf W2.
Ausgangspunkt: Sulzau im Salzachtal (ca. 520 m), beim Betriebsgelände einer Kiesgrube; keine Anbindung ans Bahn- und Busnetz.
Endpunkt: Tenneck (522 m) im Salzachtal; Bahnhaltepunkt 3,5 km südlich von Sulzau.
Höchster Punkt: Rifflkopf (2254 m).
Hütten: Weit und breit keine.
Gehzeiten: Sulzau – Tristkopf 4 ½ Std. – Rifflkopf 2 ¼ Std. – Tenneck 3 ¼ Std.; insgesamt ca. 10 Std.
Aufstiegsmeter: Sulzau – Tristkopf 1590 Hm – Rifflkopf 450 Hm.

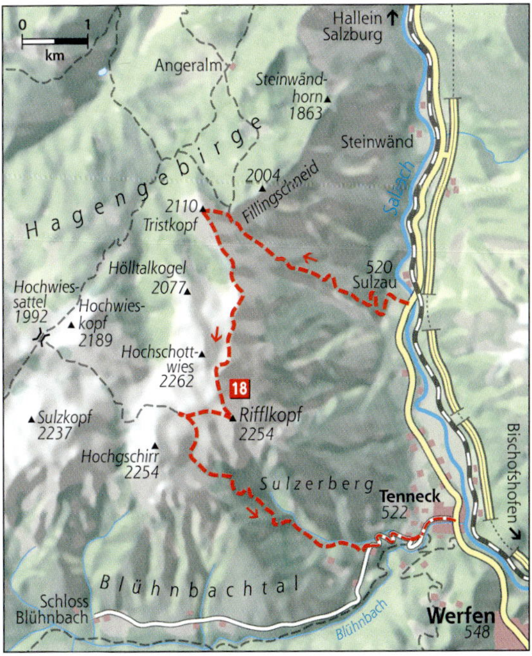

Weiteste Bereiche des Hagengebirges zählen zum alpintouristischen Niemandsland, das nur selten zum Ziel einer Bergtour wird. Und in der Literatur finden sich ebenfalls kaum Angaben, schon gar keine verlässlichen. Für den Schreiber dieser Zeilen war diese Tour eher eine Art Zufallsprodukt, allerdings ein umso erfreulicheres! Zugegeben: Die aus dem Beschreibungskopf ersichtlichen Eckdaten wirken womöglich aus-

Hoch über dem Salzachtal verläuft der Übergang vom Tristkopf zum Rifflkopf

gesprochen exklusiv. Wer allerdings konditionell topfit und den Umgang mit ursprünglichem Alpinterrain gewohnt ist, wird hier einen Volltreffer landen! Die grandiosen Ausblicke, etwa über das tiefe Salzachtal zum Bollwerk des Tennengebirges oder über die karstige Ödnis des Hagengebirges selbst, ziehen ungeheuer in Bann. Zumal eine gewisse Entlegenheit unmittelbar spürbar ist. Vergleichsweise regelmäßig wird zumindest der Tristkopf bestiegen, gibt es hier doch einen markierten Steig bis zum Gipfel. Doch mit dem Übergang zum Rifflkopf und dem anschließenden Abstieg über die Karalm nach Tenneck wird eine richtig große Bergtour daraus, während der man die Berchtesgadener Alpen einmal aus einem ganz ungewohnten Blickwinkel kennen lernt. Fazit: Für Bergindividualisten wärmstens zu empfehlen!

Aufstieg zum Tristkopf: Der Auftakt über das Betriebsgelände der Kiesgrube Sulzau ist wenig beschaulich, man achte genau auf die Routenführung des AV-Weges 450. Zuerst rechts haltend, dann oberhalb der Grube nach links und zum Beginn des eigentlichen Bergsteigs. Dieser windet sich am bewaldeten Rücken rechts des tief eingerissenen Eisgrabens empor zur Lichtung der verfallenen Brunnalm (1372 m). In gleicher Grundrichtung weiter aufwärts

18

gelangt man allmählich in baumloses Gelände und steigt durch den nach Osten offenen Bergkessel zuletzt steiler zum Hochtor auf. Dies ist der Übergang auf die Hochfläche des Hagengebirges. Wir steigen aber nicht jenseits zum Verbundsteig ab, sondern wenden uns links und erreichen über einen kleinen Schrofenpfad ohne Schwierigkeiten den Gipfel des Tristkopfes (2110 m).

Übergang zum Rifflkopf: In südlicher Richtung über den schrofigen Grat abwärts bis zur Einschartung P. 1978 der AV-Karte; einige Felsstufen bereiten kaum Probleme. Nun in leichtem Gegenanstieg über die Tristkarschneid, zu der von rechts Latschenfelder heraufreichen, welche sich durch eine Gasse gut durchschreiten lassen. Nach einem weiteren Schärtchen auf den breiten Wiesenrücken der Schönhöh, zwei kleine Erhebungen überschreitend und wieder etwas bergab ins Bergeralmschartl (2066 m). Der folgende Schrofenaufschwung ist deutlich steiler, lässt sich aber rechts haltend ebenfalls ohne wesentliche Kletterei meistern. Man gelangt erneut auf einen breiten Wiesenrücken – zur Linken die Abbrüche ins Wildkar – und nahe an P. 2259 vorbei zum Rifflkopf (2254 m), dessen höchster Punkt durch eine kleine, etwas ausgesetzte Einschartung abgetrennt ist.

Abstieg: Das erste Stück vom Gipfel bis hinab in die Karmulde zwischen Hinter- und Vorderbergstecken ist weglos und muss selbstständig beurteilt werden. Bei guter Sicht sind die besten Durchschlupfe aber relativ leicht zu finden; das Gelände ist manchmal steil und etwas verkarstet, aber nicht schwierig. In Grundrichtung West erreicht man knapp südlich von P. 2224 hindurch die besagte Karmulde, wo man in rund 2050 m auf die markierte Route 457 trifft. Von dort der durchgehenden Bezeichnung folgend in den sich verengenden Karschlauch hinab und südostwärts über die verfallene Karalm (1477 m) in den bewaldeten Zwischegggraben. Zuletzt erreichen wir die Blühnbachstraße, die hinaus nach Tenneck führt. Falls sich dort kein Autofahrer erbarmt, sind es noch gut 3 km auf der B 159 zurück zum Ausgangspunkt.

Hochkönig

Der Hochkönigstock ist das südöstlichste und zugleich höchste Massiv der Berchtesgadener Alpen. Auf der Nordseite zeigt es eine gewaltige, allerdings verhältnismäßig sanft geneigte Abdachung, die größtenteils verkarstet ist und im obersten Bereich noch die Reste eines Plateaugletschers trägt. Diese immer mehr dahinschmelzende »Übergossene Alm« war stets das Markenzeichen des Hochkönigs – ihre Tage sind angesichts Klimaerwärmung und fehlender Substanz in puncto Eismächtigkeit leider gezählt. Der Sockel der Nordflanke bricht steil in das waldreiche, in mehrere abgelegene Karkessel gegliederte Gelände über dem Blühnbachtal ab. Noch eindrucksvoller präsentiert sich die Südseite mit ihren bis zu 1000 Meter hohen, sonnendurchfluteten Wandfluchten, etwa der »Wetterwand« am Großen Bratschenkopf. Nimmt man die bizarr zerklüftete Zackenreihe der Mandlwand und die malerischen Almgründe zu Füßen der Felsen

Das Matrashaus am höchsten Punkt der Berchtesgadener Alpen

dazu, ergibt sich ein Landschaftsbild von geradezu dolomitenhaftem Gepräge. Richtung Westen hängt der Hochkönig über die Torscharten mit dem Steinernen Meer zusammen, gegen Osten überragt er das Salzachtal um rund 2400 Meter. Unter den Kalkstöcken des Salzburger Landes ist er fraglos der mächtigste, ein echter »König« halt. Direkt am Gipfel, stattliche 2941 Meter hoch, steht das Matrashaus des Österreichischen Touristenklubs, das 1985, nachdem es einige Jahre zuvor niedergebrannt war, in neuem Stil wieder aufgebaut wurde. Eine Nacht dort oben – quasi zwischen Himmel und Erde – wird garantiert zum unvergesslichen Erlebnis. Als weitere Stützpunkte dienen Ostpreußen-, Bertgen- und Eckberthütte, die beiden Letzteren für Selbstversorger. Darüber hinaus finden wir an der Südseite des Massivs eine Reihe bewirtschafteter Almen und Berggasthäuser, teils mit direktem Straßenanschluss, teils mit kurzen, mühelosen Zustiegen.
Der Hochkönig kann auf mehreren, sehr verschiedenartigen Wegen erklommen werden, die allesamt zumindest elementare Bergerfahrung und gute Kondition verlangen. Die meisten Begehungen erhält zweifelsohne die Ostroute vom Arthurhaus über die Mitterfeldalm und das Ochsenkar. Dabei kommt man an der markanten Torsäule vorbei, die einen Abstecher lohnt. Ziemlich langwierig und daher weniger frequentiert ist der Anstieg über die Ostpreußenhütte. Auf der Südseite ist das etwas heikle Birgkar zu erwähnen und gleich nebenan der erst vor wenigen Jahren eingerichtete, ausgesprochen rassige Klettersteig über die Teufelshörnln, von den Erbauern »Königsjodler« getauft. Bevor man sich diesen vorknöpft, sollte man vielleicht die steile »Übungsferrata« am Grandlspitz ausprobieren. Der für Normalbergsteiger wichtigste Nebengipfel im Hochkönigmassiv ist der Hochseiler. Dort gibt es mit dem Mooshammersteig und der Route durch die Teufelslöcher eine schöne, anspruchsvolle Überschreitung. Im Übrigen kann man diesen Gipfel auch auf dem ultralangen Übergang vom Steinernen Meer zum Hochkönig mitnehmen (→Tour 62). Last, not least soll auch der gemäßigte Bergwanderer nicht zu kurz kommen. Der Panoramaweg am Fuß der Südwände ist wirklich hinreißend, und wer ein weitgehend problemloses Gipfelziel sucht, ist mit der Taghaube, dem Hausberg der Erichhütte, gut beraten.

19 Hochkönig über Ostpreußenhütte

Der lange Nordanstieg zum höchsten Punkt der Berchtesgadener Alpen

WE3

11 Std.

↑↓ 2050 Hm

Charakter: Bergsteigerisch wenig schwieriger, aber sehr langwieriger Anstieg, der neben etwas Trittsicherheit Ausdauer und Orientierungsvermögen erfordert. Bei Nebel ist peinlich genau auf die Farb- und Stangenmarkierung zu achten! Tritt im oberen Teil Blankeis zu Tage, können Steigeisen hilfreich sein.
Bewertung: WE3, wobei sich das »E« auf die Firn- und Eisreste der Übergossenen Alm bezieht (je nach Schneesituation wechselnde Verhältnisse).
Ausgangspunkt: Gasthaus Dielalm (1016 m), Bergstraße von Werfen.
Höchster Punkt: Hochkönig (2941 m).
Hütten: Ostpreußenhütte (1628 m), DAV, Anfang Mai–Ende Oktober sowie Januar–Ostern, Tel. (A)-06468/71 46; Matrashaus (2941 m), ÖTK, Mitte Juni–Mitte Oktober sowie Ende März–Ende Mai an Wochenenden, Tel. (A)-06467/75 66.
Gehzeiten: Dielalm – Ostpreußenhütte 2 Std. – Hochkönig 4 ½ Std. – Dielalm 4 ½ Std.; insgesamt 11 Std. verteilt auf 2–3 Tage.
Aufstiegsmeter: Dielalm – Ostpreußenhütte 650 Hm – Hochkönig 1400 Hm.

Wer den Hochkönig in seiner ganzen Dimension erfassen möchte, sollte einmal diesen langen Weg unter die Sohlen nehmen. Nach einer beschaulichen Annäherung über den Bergrücken zwischen Blühnbach- und Imlautal wird das nach Norden sanft abfallende Karstplateau in ganzer Ausdehnung, vom Eibleck bis zum Gipfel, durchmessen. Mit jedem Schritt zeigt sich das Gelände karger, bis man nahe der Dreitausendermarke angelangt ist, wo (noch) dauerhaft das Eis regiert. Obwohl ohne eigentliche Hürden, gestaltet sich der Aufstieg durch das kleinräumig gegliederte Karstterrain sehr mühsam. Doch ein gigantischer Rundumblick ist der verdiente Lohn: vom Dachstein im Osten über die gesamte Tauernkette jenseits des Pinzgaus bis zu den Berchtesgadener Kalkbergen, die sich als wilde Felsöde, als wahrhaft »steinernes Meer«, präsentieren. Ein besonderes Erlebnis hält der Hochkönig für all jene bereit, die nach einer obligatorischen Gipfelstunde nicht gleich wieder den Abstieg antreten. Das Matrashaus offeriert eine »Nacht auf dem kahlen Berge«, bei Wetterglück inklusive traumhafter Abend- und Morgenstimmungen.

Aufstieg: Von der Dielalm folgen wir Route 401 über den bewaldeten Heidbergriedel zur Einmündung des Weges von Pfarrwerfen am Schwarzkogel. Entlang dem sanften Bergrücken hinüber zur Blühnteggalm (1428 m) und erneut bergauf bis zur Ostpreußenhütte (1628 m) auf dem Rettenbachriedel. Nun weiter zu einem latschenbestandenen Hang, der in Serpentinen überwunden wird. Bevor sich der Aufstieg am rechten Rand der Steingrube (unter den Schrofenzacken des Kleinen und Großen Eiblecks) fortsetzt, sollten wir einen kleinen Abstecher zum kreuzgeschmückten Gamskarkogel (2014 m) unternehmen. Die Aussicht auf Hagen- und Tennengebirge ist großartig. Durch steile Schrofenflanken erreicht man anschließend die Schulter am Floßkogel, wo das Gelände deutlich abflacht und erstmals der Blick nach Westen über die zentralen Berchtesgadener Alpen sowie hinauf zum Matrashaus frei wird. Der Weg dorthin ist aber noch weiter als man denkt. In dem unübersichtlichen Karstgelände lässt sich ein geschmeidiges Steigen nur schwer aufrechterhalten, zumal man zwischen den Schutt- und Karrenfeldern immer wieder mal ein paar Höhenmeter verliert. Nachdem eine Mulde durchschritten ist, geht es in Grundrichtung Südwest allmählich bergauf, vorbei an einer Biwakhöhle (ca. 2400 m) und immer den ausreichend dichten Markierungen folgend auf die Firnfelder unter dem Gipfelaufbau. Zuletzt gemeinsam mit der Ostroute über eine gesicherte Felsstufe (Helmut-Müntzer-Stiege) zum Matrashaus (2941 m) auf dem Hochkönig Gipfel.

Abstieg: Der Abstieg erfolgt auf der Anstiegsroute. Wer als Alternative den Abstieg durchs Ochsenkar (→Tour 20) plant, sollte den Aufstieg zur Ostpreußenhütte bereits in Pfarrwerfen beginnen (in diesem Fall via Sonneck). Ab Mitterfeldalm nimmt man später Weg 435 durch den Höllngraben zurück nach Pfarrwerfen.

20 Hochkönig via Ochsenkar

Der Normalweg auf den Hochkönig

WE3

8 ½ Std.

↑↓1500 Hm

Charakter: Langer Aufstieg über steiniges Gelände, im oberen Teil auch einige Firn- oder Eisfelder (evtl. Steigeisen ratsam); stellenweise Trittsicherheit notwendig. Als Tagestour großes, anstrengendes Pensum. Nur bei stabilen Wetterverhältnissen mit guter Sicht anzuraten.
Bewertung: WE3, ganz ähnlich wie bei Tour 19; das »E« könnte in absehbarer Zeit den veränderten klimatischen Bedingungen zum Opfer fallen.
Ausgangspunkt: Arthurhaus (1502 m), erreichbar mit Pkw oder Bus von Mühlbach über die Mandlwandstraße.
Höchster Punkt: Hochkönig (2941 m).
Hütten: Arthurhaus (1502 m), privat, ganzjährig bew. außer November und Mai, Tel. (A)-06467/72 02; Mitterfeldalm (1670 m), privat, ganzjährig bew., Tel. (A)-0664/252 86 43; Matrashaus (2941 m), ÖTK, Mitte Juni–Mitte Oktober und Ende März–Ende Mai an Wochenenden, Tel. (A)-06467/75 66.
Gehzeiten: Arthurhaus – Mitterfeldalm ½ Std. – Ochsenkar, Abzweig Torsäule 2 Std. – Hochkönig 2 ¼ Std. – Arthurhaus 3 ¾ Std.; insgesamt 8 ½ Std. (evtl. auf 2 Tage verteilt).
Aufstiegsmeter: Arthurhaus – Hochkönig 1500 Hm.
Skizze: Siehe Seite 73.

Auf der Ostroute durchs Ochsenkar wird der Hochkönig am häufigsten bestiegen. Technisch am leichtesten, kann es bei diesem fünfstündigen alpinen Aufstieg dennoch so manchen Stolperstein geben. Am besten plant man den Hochkönig als Zweitagestour. Dann ließe sich auch ohne Zeitdruck der eine oder andere Abstecher – auf die Torsäule oder den Großen Bratschenkopf – einflechten (siehe Tipps). Die beeindruckenden Landschaftsbilder beginnen schon mit der viel gezackten Mandlwand, die zur Hälfte umrundet wird, setzen sich im urwüchsigen Ochsenkar unter der formschönen Torsäule fort, um später in der weltentrückten Kargheit des Hochplateaus mit seinem verwickelten Geflecht aus felsigschuttigen Kuppen und eisgefüllten Mulden schließlich am höchsten Punkt der Berchtesgadener Alpen zu enden.

Tipp

Die elegante, für Normalbergsteiger fast unbezwingbar erscheinende **Torsäule (2588 m)** ist der Blickfang beim Anstieg durchs Ochsenkar. Versierte Schrofenkletterer können ihr über den Ostgrat aufs Haupt steigen. Der Einstieg befindet sich im Oberen Ochsenkar auf ca. 2300 m Höhe (an einem Felsblock angeschrieben). Steigspuren leiten zunächst steil auf die begrünte Ostschulter. Links empor und am Rand der ins Eiskarl abfallenden Wand zu einem Kamin. An dessen rechter Begrenzung aufwärts klettern und über schrofigen Fels zum Gipfel. Schwierigkeitsgrad I+ bzw. F4, aus dem Ochsenkar ca. ¾ Std.

Aufstieg: Vom Arthurhaus folgen wir dem breiten Weg zur Mitterfeldalm (1670 m), dem beliebten Ausflugsziel unter dem Osteck der Mandlwand. Links einschwenkend wird die Gaißnase passiert,

ehe unser Weg 430 stärker ins Ochsenkar anzusteigen beginnt. Wir halten im rechten Bereich (Ochsenriedel) auf die markante Torsäule zu, deren Sockel links, scharf an der Südwand entlang, gequert wird. Dahinter links haltend unter die Flanke des Kleinen Bratschenkopfes und über Schotter und leichte Felsstufen etwas steiler bergauf. Weiter oben öffnet sich der Blick nach Süden durch die Schrammbachscharte, die zwischen Kleinem und Großem Bratschenkopf eingelagert ist. Mit etlichen Biegungen im nackten, kupierten Karstgelände erreichen wir über den so genannten Schweizerweg die Relikte der Übergossenen Alm. Auch wenn das Gelände zunehmend ausapert, muss man immer noch mit je nach Beschaffenheit mehr oder weniger heiklen Eistraversen rechnen. Aufmerksam den Markierungen folgend tasten wir uns über felsige Kuppen immer höher und gewinnen über eine kurze gesicherte Passage den Gipfel des Hochkönigs mit dem Matrashaus (2941 m).

Anstieg durchs Ochsenkar zum Hochkönig

Abstieg: Wie Aufstieg. Mögliche Alternativen sind in anderen Kapiteln beschrieben (z. B. durchs Birgkar, →Tour 23).

Tipp

Mit der »Wetterwand« liefert der **Große Bratschenkopf (2856 m)** südseitig ein absolutes Schaustück und Dorado für die Extremkletterer, doch wird sein von Norden unscheinbarer Gipfel beim Aufstieg zum Hochkönig von fast allen links liegen gelassen. Wer's probieren möchte: Vom Schweizerweg (ca. 2720 m) links abzweigend und weglos über P. 2812 der AV-Karte von Nordosten zum Kreuz. Wer vom Matrashaus kommt, steigt am besten an P. 2789 vorbei auf.

21 Der Hochkönig-Südwandsteig

Panoramaweg vom Arthurhaus via Erichhütte nach Hintertal

W1

5 Std.

↑450 Hm
↓950 Hm

Charakter: Leichte, südseitige Almwanderung mit moderaten Höhenunterschieden. Die gesamte Strecke erfordert trotzdem etwas Ausdauer, es gibt aber auch einige vorzeitige Abstiegsmöglichkeiten. Ein Weg für Genießer!
Bewertung: Ohne besondere Schwierigkeiten, daher W1.
Ausgangspunkt: Arthurhaus (1502 m), erreichbar von Mühlbach über die Mandlwandstraße (auch Busverkehr).
Endpunkt: Hintertal (1016 m); Buslinie Saalfelden–Dienten, dort Anschluss Richtung Mühlbach/Arthurhaus.
Höchster Punkt: 1587 m unterhalb der Taghaube.
Hütten: Arthurhaus (1502 m), privat, ganzjährig bew. außer November und Mai, Tel. (A)-06467/72 02; Erichhütte (1545 m), ÖAV, Mitte Mai–Ende Oktober, Tel. (A)-0664/264 35 53.
Gehzeiten: Arthurhaus – Wiedersbergalm 1 1/4 Std. – Erichhütte 1 3/4 Std. – Pichlalm 1 Std. – Hintertal 1 Std.; insgesamt ca. 5 Std.
Aufstiegsmeter: Arthurhaus – Hintertal 450 Hm (950 Hm Abstieg).
Skizze: Siehe Seite 73 und 78.

Wo sich Felsen himmelhoch auftürmen, bleibt das Angebot für reine Wanderer naturgemäß ziemlich eingeschränkt. Auf der Südseite des Hochkönigs gibt es allerdings eine wunderschöne

Die Wiedersbergalm am Fuß des Großen Bratschenkopfes

21

Panoramastrecke, die sich ohne allzu große Höhenunterschiede über die malerische Almterrasse am Fuß der Wände dahinschlängelt. Die Einblicke in die türmereiche Mandlwand und die gewaltigen Südabstürze von Großem Bratschenkopf und Hochkönig stehen in starkem Kontrast zu den anheimelnden Grasbergen der gegenüberliegenden Salzburger Schieferalpen. Meistens wird die Wanderung vom Arthurhaus zur Erichhütte propagiert, man kann sie aber ohne Weiteres über die Pichlalm bis nach Hintertal fortsetzen. Unterwegs wird mehrmals zur Einkehr geladen – damit sich der Genuss nicht nur in optischer, sondern auch in kulinarischer Hinsicht erschließt. Bevor man beim Schlemmen und Schauen allerdings die Zeit vergisst, sollte man die Rückkehr organisiert respektive die Busverbindungen zwischen Hintertal, Dienten und dem Arthurhaus studiert haben.

Route: Vom Arthurhaus wenden wir uns westwärts und folgen dem gut ausgebauten Weg 436 in Richtung Windraucheggalm (auch Wiederacheggalm, 1455 m). Einen kleinen Graben ausgehend und an der Riedingalm vorbei ins Riedingtal, aus dem man gut 100 Hm zu einem Geländerücke ansteigt. Dahinter liegt die malerische Wiedersbergalm (1539 m). Weiter horizontal durch die Hänge, als Nächstes in großem Bogen die Einbuchtung unter dem Birgkar ausgehen und an mehreren Abzweigungen vorbei (eine führt zum Birgkarhaus am Dientner Sattel). Um die Taghaube herum gelangen wir zur Erichhütte (1545 m) auf der Schönbergalm, von wo sich ebenfalls rasch zur Straße absteigen lässt. Auf der Fortsetzung verliert man bis zum Dientenbach deutlich an Höhe, ehe es nach Überschreitung der beiden Gräben und einigen Abzweigungen nach Dienten über die Mittereggalm (1354 m) zur Pichlalm (1435 m) hinaufgeht. Den nahen Sattel überschreiten und quer durch eine runsendurchzogene Flanke, bis sich kurz vor der Poschalm eine Abstiegsmöglichkeit nach Hintertal ergibt.

22 Taghaube

Herrliche Aussichtsloge über dem Dientner Sattel

W2–3, K4

4–5 Std.

↑↓920 Hm

Charakter: Die Normalroute auf die Taghaube erfordert kaum mehr als die obligatorische Trittsicherheit und generelle Bergtauglichkeit. Auch konditionell moderat. Die Fortsetzung ist ebenfalls markiert und mit Ausnahme zweier kurzer versicherter Kamine nicht schwierig; genau diese können den reinen Bergwanderer aber vor erhebliche Probleme stellen.
Bewertung: Normalweg auf die Taghaube W2–3, Überschreitung enthält Passage K4.
Ausgangspunkt: Parkplatz »Erichhütte« (1339 m), 0,5 km westlich des Dientner Sattels; Busverbindung zwischen Dienten und Mühlbach.
Höchster Punkt: Taghaube (2159 m), bei der Kammüberschreitung noch einige Meter höher.
Hütten: Erichhütte (1545 m), ÖAV, Mitte Mai–Ende Oktober, Tel. (A)-0664/ 264 35 53.
Gehzeiten: Dientner Sattel – Taghaube 2 ½ Std.; Abstieg 1 ½ Std., Überschreitung 2 ½ Std.; insgesamt 4–5 Std.
Aufstiegsmeter: Dientner Sattel – Taghaube 820 Hm; Überschreitung ca. 100 Hm zusätzlich.

Schaut man sich die Taghaube vor der gewaltigen Felsenwucht des Hochkönigmassivs an, so geht sie fast unter. Man kann aber erahnen, welch großartiger Aussichtspunkt sie sein muss. Für den Berggeher gemäßigter Gattung ist sie das ideale – leider auch das einzige – Gipfelziel auf der Hochkönig-Südseite. Bereichern lässt sich das Unternehmen noch, indem man es am zackigen Taghaubengrat zu einer kleinen Runde erweitert. Dabei muss allerdings bei einer kurzen Klettersteigeinlage kräftig zugepackt werden – nichts für Gelegenheitswanderer!

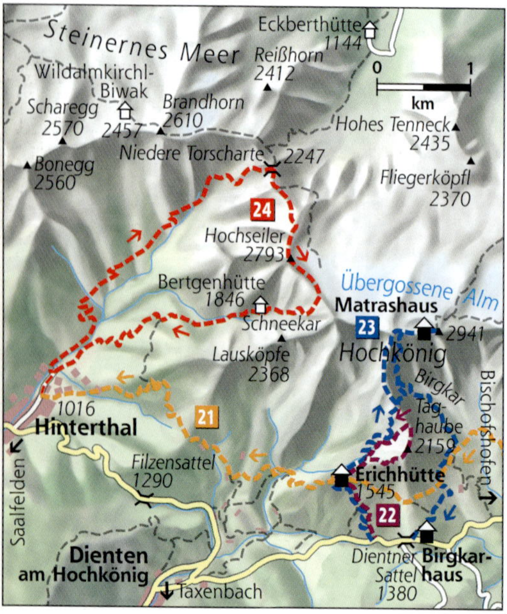

Aufstieg: Ein Stück westlich des Dientner Sattels

22

befindet sich der Parkplatz für die Erichhütte, die in halbstündigem Aufstieg über einen Fahrweg erreicht wird. Nun nordostwärts über Bergwiesen empor, bis rechts der Gipfelsteig zur Taghaube von der Hochkönigroute abzweigt. Durch Latschengassen bergauf, später in schrofendurchsetztes Gelände, das sich zunehmend aufsteilt. Am Schluss über den felsigen Südgrat mit einer kurzen Leiter zum Gipfel der Taghaube (2159 m).

Überschreitung: Falls man nicht auf der gleichen Route wieder absteigen möchte, steht einem die Überschreitung des Taghaubengrates bis zur Einsattelung vor dem Grandlspitz offen. Dabei ist allerdings gleich zu Beginn eine knifflige Passage zu meistern: Kurz unter dem Gipfel den Hauptweg verlassen und zu einem engen Kamin, durch den man mit Hilfe von Drahtseilen und Eisenstiften abklettert. Vom unteren Ende, wo eine üble Rinne abbricht, steigt man gleich in den nächsten versicherten Kamin ein, diesmal bergauf. Nachfolgend leitet ein ausreichend markierter, unschwieriger Schrofenpfad zwischen den namenlosen Zacken des Taghaubengrates hindurch, ohne diese im Einzelnen selbst zu berühren. Man erreicht die Einsattelung (P. 2136) vor dem Grandlspitz und kann nun auf den guten Weg 432 einmündend durch die begrünte Hangmulde das Bergab antreten.

Der schroffe Gipfelfelsen der Taghaube

23 Königsjodler-Klettersteig und Birgkar

Das spektakuläre Klettersteig-Abenteuer am Hochkönig

K6, WK3–4

11 Std.

↑↓1900 Hm

Charakter: Sehr anspruchsvoller Klettersteig mit einer Vielzahl atemberaubend luftiger Passagen, die z. T. auch im Abstieg zu begehen sind, zudem außergewöhnlich lang. Bis auf einige kurze Abschnitte in Schutt und Schrofen durchwegs mit Stahlseilen sowie einigen Tritthilfen gesichert; überwiegend kompakter, griffiger Fels. Nach der in Österreich gebräuchlichen Skala mit Grad D (sehr schwierig) eingestuft. Daher nur für versierte, sehr ausdauernde Klettersteigprofis mit kompletter Ausrüstung geeignet. Die Abstiegsroute durchs Birgkar (auch Alternative für den Aufstieg) ist ein in seiner Steilheit nicht zu unterschätzender Fels- und Schrofensteig, nur spärlich gesichert; Trittsicherheit unbedingt erforderlich. Vorsicht: Seit dem Bau des Klettersteigs besteht erhöhte Steinschlaggefahr! Als Tagestour extrem anstrengend (Übernachtung im Matrashaus empfehlenswert).

Bewertung: K6 für den »Königsjodler«; die Abstiegsroute durchs Birgkar entspricht WK3–4.

Ausgangspunkt: Dientner Sattel (1363 m) bzw. Parkplatz westlich davon; Busanbindung.

Höchster Punkt: Hochkönig (2941 m); bei Verzicht auf den Gipfel: Hohe Köpfe (2875 m).

Hütten: Erichhütte (1545 m), ÖAV, Mitte Mai–Ende Oktober, Tel. (A)-0664/264 35 53; Matrashaus (2941 m), ÖTK, Mitte Juni–Mitte Oktober und Ende März–Ende Mai an Wochenenden, Tel. (A)-06467/75 66.

Gehzeiten: Dientner Sattel – Hochscharte 2 ½ Std. – Königsjodler – Hohe Köpfe ca. 4 ½ Std. – Hochkönig ½ Std. – Birgkar – Dientner Sattel 3 ½ Std.; insgesamt ca. 11 Std.

Aufstiegsmeter: Dientner Sattel – Hochscharte 950 Hm – Hochkönig 950 Hm.

Skizze: Siehe Seite 78.

Zackiges Profil und luftiger Klettersteig an den Teufelshörnern

Mit dem »Königsjodler« hat auch der Hochkönig vor wenigen Jahren eine richtig moderne Ferrata erhalten – und was für eine! In spektakulärer Weise werden die scharfen Zacken der Teufelshörner, die einen der wilden Zweiggrate auf der Südseite des Massivs bilden, einer nach dem anderen überschritten. Wer rassige Sportklettersteige mit gleichzeitig hochalpiner Note liebt, kommt hier voll auf seine Kosten. Allem Anschein nach entwickelt sich der »Königsjodler« zu einem Top-Hit – kein Wunder bei den vielen faszinierenden Passagen. Kostproben gefällig? Flower-Tower, Jungfrauensprung, Sport-Direttissima, Kranebetter Steg (atemberaubende Seil-

Über den wilden Grat der Teufelshörner führt der »Königsjodler«.

brücke!), Teufels- und Mühlbacher Turm, Brückner Grat, Dientner Schneid, Franzl's Fantastica ... – das sind etliche der mit teils ulkigen Namen versehenen Abschnitte. Bei so viel Euphorie müssen aber noch ein paar ernste Worte fallen: Wer kein ausgebuffter Klettersteig-Spezialist ist, gerät hier schnell an seine Grenzen. Mag es technisch zwar einige noch extremere Routen geben, so ist der Königsjodler vor allem in puncto Länge kaum zu schlagen. Schon der Zustieg ist nicht eben kurz. Und der eigentliche Klettersteig umfasst weit mehr als die rund 600 m rechnerische Höhendifferenz zwischen dem Einstieg und den Hohen Köpfen. Mindestens ein halbes Dutzend Mal muss nämlich zwischendrin abgeklettert werden – und zwar ebenso exponiert wie im Bergauf. Vier bis sechs Stunden werden von den Erbauern nur für den Klettersteig angegeben, wobei das im Einzelfall stark von der körperlichen Leistungsfähigkeit, der Psyche und nicht zuletzt dem allfälligen Auftreten längerer Staus abhängt. Also: Wer wagt es?

Aufstieg: Zunächst zur Erichhütte (1545 m), dem etwaigen, allerdings noch sehr tief gelegenen Stützpunkt für die lange Tour. Auf Weg 432 nordostwärts bergauf – die Taghaube bleibt rechts – und in Kehren in das Kar unter dem Grandlspitz. Den steilen Felsen links ausweichend und durch eine Rinne (kurze Leiter) in die Hochscharte (2283 m), den Übergang ins Birgkar. Der Einstieg

23

in den Klettersteig befindet sich etwas oberhalb zur Linken, man braucht die enge Scharte also nicht zu überschreiten (deutlich bezeichnet). Nun geht's zur Sache. Ein rassiger Steilaufschwung macht den Anfang, dann am Grat entlang zu den ersten Türmen. In exponiertem Auf und Ab klettert man über sie hinweg, wobei auch die dazwischen liegenden Scharten äußerst luftige Passagen bereithalten, z. B. den »Jungfrauensprung« oder den »Kranebetter Steg« als abenteuerlichen Drahtseilakt. Dahinter ein Stück in leichtem, ungesichertem Schrofengelände und zum nächsten Turm. In der Folge beeindruckt die »Dientner Schneid« als messerscharfer Gratabschnitt, ehe man am Ende der Teufelshörner zum Notausstieg kommt (rechts ins Birgkar). Die Fortsetzung führt über Schutt an den Fuß des Kummetsteins. An dessen Ostseite leitet »Franzl's Fantastica« senkrecht und sehr kraftraubend in die Höhe. Man erreicht den Gipfel des Kummetsteins (2772 m), dann folgen ein kurzer Abstieg und eine weitere senkrechte Passage am Matrasturm, ehe die letzten, allmählich leichteren Aufschwünge am Grat zum Ausstieg auf die Hohen Köpfe (2875 m) führen. Von dort in 30 Min. an der nahen Birgkarscharte vorbei nach Osten zum Gipfel des Hochkönigs (2941 m).

Tipp

Zum »Antesten« für den Königsjodler eignet sich der Klettersteig am Grandlspitz (2307 m), der den gleichen Zustieg besitzt. Unterhalb der Südwand, auf ca. 2000 m, zweigt man rechts ab und gelangt über Grashänge und eine kurze Linksquerung zum Einstieg. Technisches Niveau und Ausgesetztheit sind kaum geringer als beim Königsjodler, allerdings misst die Führe nur gut 100 Hm. Zunächst im Bereich eines Einrisses, weiter oben in der senkrechten Wand, ist bei solider Absicherung (Drahtseile und Trittbügel) für eine adrenalinfördernde halbe Stunde bestens gesorgt. Man steigt am ersten Gipfelzacken aus, von wo ostseitig eine leichte Abstiegsmöglichkeit durch eine brüchige Rinne und einen Schrofenhang gegeben ist. Wer nicht nur aufs Eisen schaut, für den bietet sich überdies eine Kombination mit dem Taghaubengrat (→Tour 22, evtl. in umgekehrter Richtung) an.

Abstieg: Zurück zur Birgkarscharte und südseitig steil hinab. Das plattige, oft schuttbedeckte Gelände erheischt Aufmerksamkeit. Man quert nach rechts unter den Kummetstein und steigt im Zickzack weiter ab, wobei die Markierung steileren Stufen geschickt ausweicht (auch einige Sicherungen). Am rechten Rand des gewaltigen, vom Teufelsgrat begrenzten Kars verzweigen sich die Wege: Rechts geht es durch einen Kamin kurz aufwärts in die Hochscharte, wo man auf den bekannten Weg zur Erichhütte trifft; links steigt man durchs untere Birgkar bis auf den quer verlaufenden Höhenweg ab. Auf diesem horizontal nach rechts und im Abstieg zum Dientner Sattel.

Hochseiler

24

Anspruchsvolle Überschreitung via Mooshammersteig und Teufelslöcher

Charakter: Vielfältige Anforderungen stellende, umfangreiche Bergtour mit ausgesetzten Klettersteigpassagen, aber auch reichlich ungesichertem Fels- und Schuttterrain, also keine Ferrata im üblichen Sinn. Kletterstellen bis I+ erscheinen durch die Schuttauflage und die Abschüssigkeit eher heikel als schwierig, die Gletschertraverse ist außer bei Blankeis unproblematisch. Neben umfangreicher Alpinerfahrung gute Kondition unerlässlich.
Bewertung: FK4 sowohl für den Mooshammersteig als auch für den Abstieg über die Bertgenhütte, dazwischen Passage »E«.

Ausgangspunkt: Hintertal (1016 m) an der Hochkönig-Bundesstraße; Busverbindung mit Dienten und Saalfelden.
Höchster Punkt: Hochseiler (2793 m).
Hütten: Bertgenhütte (1843 m), ÖTK, stets offene Selbstversorgerunterkunft.
Gehzeiten: Hintertal – Niedere Torscharte 3 ½ Std. – Hochseiler 1 ¾ Std. – Teufelslöcher – Bertgenhütte 2 ¼ Std. – Hintertal 1 ½ Std.; insgesamt 9 Std.
Aufstiegsmeter: Hintertal – Niedere Torscharte 1230 Hm – Hochseiler 550 Hm.
Skizze: Siehe Seite 78.

FKE4

9 Std.

↑↓ 1780 Hm

Der westliche Eckposten des gewaltigen Hochkönigstocks wird gebildet durch einen ziemlich selbstständigen Gipfel, den Hochseiler. Immerhin überragt dieser sogar den Watzmann an Höhe und ist auch sonst alles andere als eine unauffällige Erscheinung. So gehört er zu den Schaustücken in der Bilderbuchkulisse des Ferienortes Hintertal und wird auch am besten von dort aus angegangen. Dabei können wir die Tour zu einer packenden Überschreitung ausbauen, der es praktisch an nichts mangelt. Sogar Klettersteigelemente und ein wenig Eisberührung kommen vor. In erster Linie verspricht der Hochseiler jedoch eine große Bergtour klassischen Stils, für die man ein solides alpinistisches Allroundkönnen mitbringen sollte. Unter den landschaftlichen Besonderheiten müssen neben der grandiosen Gipfelaussicht vor allem noch die bizarren Felsportale der Teufelslöcher Erwähnung finden, die dämonischen Augen gleich hoch in den Wänden ihren Platz haben. Durch eines der beiden schlüpfen wir beim

Tipp

Eine Variante zum Mooshammersteig, die dem Hochseiler-Gipfel ausweicht, ist der **Herzogsteig**. Von der Niederen Torscharte zieht dieser – stellenweise gesichert – leicht ansteigend unter dem Nordausläufer des Hochseilers vorbei und nähert sich anschließend auf der Ostseite den Resten der Übergossenen Alm. Viele Bergsteiger peilen von hier aus den Hochkönig an (→Tour 62).

24

Abstieg ins Schneekar. Randbemerkung: Die Tour kann ebenso gut in umgekehrter Richtung ausgeführt werden.

Aufstieg: Von Hintertal begeben wir uns taleinwärts, zunächst auf einem Wirtschaftsweg, der später in einen gewöhnlichen Bergsteig übergeht und zuletzt steiler zur Niederen Torscharte (2246 m) ansteigt (Route 415). Am breiten Sattel, den leider eine Starkstromleitung überspannt, scharf rechts und über Schutthänge zum Einstieg in den Mooshammersteig. Zuvor zweigt schräg links noch der Herzogsteig ab, über den sich der Hochseiler umgehen ließe (siehe Tipp). Das Gelände der Nordwestflanke steilt nun ordentlich auf. Über oftmals schuttbedeckte Felsrampen schleichen und kraxeln wir ohne Drahtseilsicherung insgesamt rechts haltend empor, übersteigen eine kleine Rippe und sind froh darüber, links einer Rinne in Bälde den Ausstieg auf den Nordgrat zu erreichen. Über diesen ohne Schwierigkeiten zum höchsten Punkt des Hochseilers (2793 m).

Die Teufelslöcher – geologische Extravaganzen oder mystische Dämonenaugen?

Abstieg: Über sehr steilen Fels geht es zum westlichen Rand der Übergossenen Alm hinab. Ein anfangs senkrechter, aber gut gesicherter Kamin bildet die Schlüsselstelle des Mooshammersteigs, danach folgt gestuftes Gelände bis zum Firn. Am oberen Rand traversiert man südostwärts (meist Spur, Steigeisen bei Blankeis) und gelangt zu den eindrucksvollen Teufelslöchern (2694 m). Durch das linke tauchen wir hinab in die abschüssige, aus einem unübersichtlichen Geflecht von Rinnen, Rippen und Felsstufen bestehende Südflanke, wo sich ein markierter Felssteig mit betagten Sicherungen abwärts windet (Achtung: Steinschlaggefahr wegen des vielen losen Gerölls). Unmittelbar oberhalb des Schneekars quert man über Abbrüchen nach rechts und erreicht dieses im Abstieg durch eine breite, ausgewaschene Felsrinne. In dem gerölligen Karboden westwärts auf besser werdendem Steig zur unbewirtschafteten Bertgenhütte (1843 m). Anschließend weiter bergab, die Bachrunse aus dem Schneekar nach links überschreiten und in zunehmend bewachsenem Terrain auf die Wiesen der Poschalm hinaus. Die eigentliche Alm bleibt links, gleich vorn setzt sich der Abstieg durch Wald nach Hintertal fort.

Der Hochseiler lädt zu einer großartigen Überschreitung ein.

Steinernes Meer

Ein »Meer aus Stein« – nichts scheint den großen Karststöcken der Ostalpen näher zu kommen als diese Metapher. In diesem Sinne erweist sich das Steinerne Meer in den Berchtesgadener Alpen schon dem Namen nach als Musterbeispiel eines Gebirgstypus, der gerade hier eine besonders weite Verbreitung findet. Eigenwillig öde, nicht selten schwermütig und geheimnisvoll, aber auch voller faszinierender Details und charismatischer Ausdruckskraft – das sind Attribute, die auf große Karstgebirge stets zutreffen.

Von der Metaphorik zur nüchternen Topografie: Das Steinerne Meer ist der flächengrößte Gebirgsstock des in diesem Tourenführer behandelten Gebiets. Geprägt durch den Karst dominiert ein ausgedehntes, nach Süden allmählich ansteigendes Hochplateau. Es kulminiert in einer ganzen Kette von Randgipfeln, die sich als pralle Felsflucht über dem Mitterpinzgau erhebt und das szenische Ambiente der Orte Saalfelden, Maria Alm und Hintertal bildet. Dagegen steht das Steinerne Meer von Norden betrachtet sozusagen in der zweiten Reihe hinter Watzmann & Co., wenngleich die Ansicht vom Malerwinkel über den fjordartigen Königssee zur Schönfeldspitze weltberühmt ist. Die Abgrenzung gegenüber den Nachbarmassiven erfolgt größtenteils durch hochalpine Scharten und tritt dadurch nicht so deutlich in Erscheinung wie anderswo in den Berchtesgadener Alpen. So ist beispielsweise über die Torscharten ein enger Verbund mit dem Hochkönig gegeben; auch das Hagengebirge gliedert sich im Gebiet der Röth unmittelbar an.

Diese Struktur erweist sich als höchst förderlich für Übergänge von Hütte zu Hütte bis hin zur Einbindung in eine längere Durchquerung. Im Bereich des Steinernen Meeres stehen mit Ingolstädter Haus, Peter-Wiechenthaler-Hütte, Riemannhaus und Kärlingerhaus vier voll bewirtschaftete Unterkünfte zur Verfügung. Hinzu kommen die einfach bewartete Wasseralm in der Röth sowie die kleine Biwakhütte am Wildalmkirchl. Alle Stützpunkte sind in das markierte Routennetz eingegliedert, welches vor allem im westlichen und zentralen Teil gut gepflegt ist und erheblichen Variationsspielraum für Kreuz-und-quer-Erkundungen zulässt. Hüttenwanderer stehen vor der Qual der Wahl! Der Ostteil ist deutlich weniger frequentiert und fordert dem Berggänger insgesamt große Eigeninitiative ab. Abgesehen von der enormen Weitläufigkeit der Hochfläche prägen einige namhafte Gipfelgestalten das Bild. Schönfeldspitze und Großer Hundstod rangieren in der Bekanntheitsskala ganz oben, gefolgt von Breithorn, Persailhorn, Funtenseetauern und Selbhorn. Letzteres ist die höchste Erhebung des Steinernen Meeres. Meist handelt es sich hierbei um Felstouren mit leichter Kletterei, vielfach sind Gipfelüberschreitungen möglich. Eines haben freilich alle Unternehmungen gemeinsam: Sie sind lang und anstrengend, was allein schon in den Zustiegen (deren es von Norden und Süden eine ganze Reihe gibt) begründet liegt. Denn wo Seilbahnen und Bergstraßen komplett fehlen, startet man – wie es eigentlich sein sollte – am Fuß der Berge. Und freut sich anschließend über ein ordentliches Stück unversehrte Alpennatur.

Maria Alm auf der Südseite des Steinernen Meeres

25 Viehkogel

Von St. Bartholomä ins Herz des Steinernen Meeres

W2–3

9 Std.

↑↓1600 Hm

Charakter: Unschwierige Gipfelbesteigung, die als Tagestour aufgrund der Länge des Hüttenanstiegs gute Kondition erfordert (sehr knapp bis zum letzten Schiff, besser mit Übernachtung). Route markiert, am Gipfelhang Trittsicherheit angenehm.
Bewertung: W2 für den Hüttenaufstieg, W2–3 zum Gipfel.
Ausgangspunkt: St. Bartholomä (605 m); erreichbar mit dem Schiff von Dorf Königssee (Fahrzeit 35 Min.).
Höchster Punkt: Viehkogel (2158 m).
Hütten: Kärlingerhaus (1630 m), DAV, Anfang Juni–Mitte Oktober, Tel. (D)-08652/29 95.
Gehzeiten: St. Bartholomä – Kärlingerhaus 3 1/2 Std. – Viehkogel 1 1/2 Std. – Kärlingerhaus 1 Std. – St. Bartholomä 3 Std.; insgesamt 9 Std.
Aufstiegsmeter: St. Bartholomä – Kärlingerhaus 1070 Hm – Viehkogel 530 Hm.
Skizze: Siehe Seite 64.

Keck erhebt sich die Pyramide des Viehkogel

Die Wege sind in jedem Fall weit hinauf, dennoch erfreut sich das Kärlingerhaus als Stützpunkt wie auch als Tagesziel großer Beliebtheit, was allein schon an seiner Größe abgelesen werden kann. Die herrliche Lage am Rande des Funtensees (von den »Kachelmän-

Tipp

Ein Blick auf die Karte des Steinernen Meeres verrät es: Die Gegend ist ein wahres Dorado für passionierte Hüttenwanderer. Vom Kärlingerhaus lassen sich praktisch alle Nachbarhütten über markierte Routen erreichen. Häufig begangen sind vor allem die unter Tour 61 eingegliederten Übergänge zum Ingolstädter Haus und zur Wasseralm sowie darüber hinaus jener zum Riemannhaus. Dorthin folgt man Weg 413 am Funtensee vorbei ins malerische, lärchenbestandene Baumgartl. Die nächste Geländeschwelle zur Baumgartlhöhe bringt einen auffallenden Wechsel in den kargen, grauen Bereich des Steinernen Meeres mit der Schönfeldspitze als absolutem Blickfang. Überwiegend leicht ansteigend passieren wir das Salzburger Kreuz und stehen nach einer Weile in karsttypischem Auf und Ab über Karrenfelder und insgesamt 3 Std. Gehzeit am **Riemannhaus (2177 m)** in der imposanten Ramseider Scharte (Schwierigkeit höchstens W2).

25

nern« als Kältepol Deutschlands ausgemacht und verkauft, doch im Sommer und Herbst ein gar liebliches Fleckchen Erde) und das großzügige Routenangebot tragen sicher dazu bei. Hier fühlt man sich wirklich »drinnen« im Gebirge, fernab der zivilisierten, technisierten Welt – welch Balsam für die Seele! Direkt über dem Kärlingerhaus und buchstäblich im Zentrum des Steinernen Meeres erhebt sich der Viehkogel als markanter Schrofengupf. Was nicht von allen Seiten ersichtlich wird: Er lässt sich vergleichsweise leicht besteigen und belohnt die Mühen mit einer großartigen Rundumsicht über die versteinerten Wogen des urweltlichen Meeres.

Tipp

Ein kleines, lohnendes Zusatzziel nahe des Kärlingerhauses ist der **Feldkogel (1886 m)**, den man in weniger als 1 Std. besteigen kann. Man geht kurz zum Funtensee hinab und hält sich an dessen Ende links über eine Wiese in lichten Wald. Dem ausgetretenen Pfad sanft aufwärts folgen bis zur kreuzgeschmückten Kanzel hoch über dem Königssee. Faszinierender Ausblick nach Norden sowie auf die nahe Stuhlwand.

Aufstieg: Von St. Bartholomä auf Weg 412 südwärts zunächst flach, später leicht ansteigend am Königssee-Ufer entlang. Nach Überschreiten des Schrainbachs, der einen kleinen Wasserfall bildet, entfernen wir uns in steilerem Zickzack vom See und tauchen in ein Tälchen ein. An der Schrainbach-Holzstube vorbei zu einer Verzweigung. Hier links dem Hauptweg folgen (rechts geht es über die Sigeretplatte zum Trischübl) und anschließend in zahlreichen engen Kehren durch die berüchtigte Saugasse zur verfallenen Oberlahneralm hinauf. Das Gelände legt sich etwas zurück, leitet links haltend durch den Einschnitt der Kleinen Saugasse (»Ofenloch«) und zu einem weiten Sattel, hinter dem das Kärlingerhaus (1630 m) auftaucht. Wenige Schritte vor der Hütte zweigt der Steig Richtung Viehkogel ab, anfangs gemeinsam mit der Route zum Ingolstädter Haus. Wir nähern uns den schrofferen Nordabstürzen des Berges und wählen dort den linken Pfad, der um den Felssockel herum in die Gasse des Viehkogeltals ansteigt. Kurz hinter der kleinen Jagdhütte (1889 m) scharf nach links und zur Viehkogelnieder (2010 m) hinauf. Über den grasigen, jedoch ziemlich steilen Südwesthang wird schließlich der Gipfel gewonnen.

Abstieg: Am besten auf der Anstiegsroute. Es gibt allerdings auch die Möglichkeit, von der Viehkogelnieder nach Osten in die Schabgasse abzusteigen. Über eine unübersichtliche Hangstufe erreicht man dann das Baumgartl und den markierten, zum Kärlingerhaus führenden Weg Nr. 413. Diese Variante verlangt gutes Orientierungsvermögen.

26 Funtenseetauern

Überschreitung von der Wasseralm zum Kärlingerhaus

WF3–4

12 ¾ Std.

↑↓ 2250 Hm

Charakter: Anstrengende Überschreitung, die Trittsicherheit, Ausdauer, Routeninstinkt und Erfahrung in steinigem Karstgelände erfordert. Stellenweise wird der I. Grad erreicht. Der Aufstieg von der Wasseralm ist dürftig mit Steinmandln und im oberen Teil einigen verblassten Farbklecksen bezeichnet; im Karst durchgehend weglos, damit orientierungsmäßig anspruchsvoll und bei schlechter Sicht dringend abzuraten. Besser markiert, aber technisch nicht unbedingt leichter am Normalweg vom Kärlingerhaus. Zudem verlaufen auch Röth- und Sagerecksteig abschnittsweise sehr steil (und mitunter feucht), verlangen somit solide Trittsicherheit.
Bewertung: WF3–4 von der Wasseralm zum Funtenseetauern, eine Spur leichter (W3) auf der Abstiegsroute. Auch Röth- und Sagerecksteig können mit W3 eingestuft werden.
Ausgangspunkt: Salet (604 m), Schiffsanlegestelle am Südende des Königssees (knapp 1 Std. Fahrzeit).
Höchster Punkt: Funtenseetauern (2578 m).
Hütten: Wasseralm (1416 m), DAV, Mitte Juni–Anfang/Mitte Oktober bewartet; Kärlingerhaus (1630 m), DAV, Anfang Juni–Mitte Oktober, Tel. (D)-08652/2995.
Gehzeiten: Salet – Wasseralm 3 Std. – Funtenseetauern 4 ¼ Std. – Kärlingerhaus 2 Std. – Salet 3 ½ Std.; insgesamt 12 ¾ Std. (auf 2–3 Tage verteilt).
Aufstiegsmeter: Salet – Wasseralm 820 Hm – Funtenseetauern 1200 Hm – Kärlingerhaus – Salet 230 Hm.
Skizze: Siehe Seite 64.

Unter die Top-Gipfelziele des Steinernen Meeres reiht sich auch der Funtenseetauern ein. Vom Kärlingerhaus wird er auf der Normalroute über den Stuhlwandrücken regelmäßig bestiegen. Ganz besonders spannend und abwechslungsreich gestaltet sich die Tour, wenn man sie als Überschreitung plant. Dabei sind auf der Route von der Wasseralm vor allem hinsichtlich der Orientierung höhere Anforderungen gestellt. Man taucht in die abgeschiedene Welt karstiger Hochkare ein, in der nur einige Steindauben die Richtung weisen. Das Steigen über die nackten, wasserzerfressenen Karrenfelder ist ein Hochgenuss. Später wird es mühsam – um nicht jedem Hindernis umständlich ausweichen zu müssen, ist ein wenig Gewandtheit und Klettergeschick von Vorteil. Der große Überblick darf indes nie verloren gehen. Wer sich seiner Sache nicht sicher ist, begnügt sich besser mit der Normalroute. Diese bietet ebenfalls hervorragende Landschaftsbilder, vom malerischen Funtensee bis zur Gipfelaussicht, die zu den eindrucksvollsten weit und breit zählt.

26

Aufstieg: Der Zustieg über den Röthsteig zur Wasseralm ist bei Tour 17 (Teufelshörner) genau beschrieben. Bei der Diensthütte setzt sich der Aufstieg fort, zunächst auf dem deutlich ausgetretenen Weg 424 Richtung Blaue Lacke. Schon nach 200 Hm müssen wir diesen jedoch nach rechts verlassen (»FT« auf einem Felsblock). Kaum kenntliche Spuren führen in das begrünte Kar zwischen Hocheck und Gamsscheibe, wobei man der Steilstufe auf ca. 1900 m rechts ausweicht. Die anfangs noch dichte Vegetation tritt nun rasch zurück, man gewinnt über nackte Karrenfelder an Höhe (Steindauben als Richtpunkte). Rechts oben über dem »Unsünnigen Winkel« wird schon unser Gipfel sichtbar, den wir aber nur in weit ausholendem Bogen erreichen können. Wir halten auf den Einschnitt zwischen Gras- und Leiterkopf zu, durchqueren eine steinige Mulde und steigen steiler, hart an den Felsen des Graskopf-Ostabbruchs, zur Geländeschwelle bei P. 2327 (AV-Karte) auf der Landesgrenze empor. Dort knickt die Route scharf nach rechts ab (jetzt sind einige blasse Farbpunkte zu entdecken). Oberhalb der »Steinigen Grube« durch mühsames Schutt- und Trümmer-

Über weitläufige Karrenfelder geht es ins Herz des Steinernen Meeres.

26

gelände leicht ansteigend in die Südflanke des Funtenseetauern (2578 m), der zuletzt über einen steilen, mit auffällig rötlichen Felsen durchsetzten Hang gewonnen wird.

Abstieg: Vom Gipfel folgen wir dem Gratkamm nach Westen über zwei Erhebungen mit ebenfalls rötlichem Gestein. Steinmandln weisen nun in den grasbewachsenen Hang hinab. Anschließend werden die Schrofenflanken des Stuhljochs ein gutes Stück unter dem Grat gequert, ehe man wieder auf den Stuhlwandrücken gelangt. Wer direkt am Grat bleibt, muss einige Kraxelei in Kauf nehmen. Über grasbewachsene Hänge links der senkrecht abbrechenden Stuhlwand ziemlich steil abwärts. Weiter unten mündet von links der Steig über das Tote Weib ein und etwas später, unweit des Baumgartls, der häufig begangene Verbindungsweg vom Riemannhaus. Gemeinsam noch leicht absteigend zur Funtenseemulde und rechts am See vorbei zum nahen Kärlingerhaus (1630 m). Von dort führt der leichteste Abstieg zum Königssee durch die Saugasse nach St. Bartholomä (→Tour 25). Wir gehen zwar ein Stück in die gleiche Richtung, halten uns bei der Gabelung aber rechts und folgen dem Weg 422 (Sagerecksteig) in leichtem Aufstieg durch die Zirmau und anschließend steil abwärts bis in die Nähe des Grünsees, der unterhalb in einer tiefen Mulde liegt. Links daran vorbei, nochmals kurz ansteigend über einen Geländeriegel und an der Wegverzweigung Halsköpfl/Wasseralm vorbei abwärts. Hinter der Sagereckalm-Lichtung bald steiler und links der Sagereckwand in vielen Windungen über die zum Königssee abbrechende Steilstufe (herrliche Ausblicke, aber Obacht auf den nicht selten feuchten Steig, bei dem zahllose Holzstufen und einige Drahtseile verbaut sind). Im unteren Teil rechts haltend und an der Saletalm vorbei zum Landungssteg.

Das Kärlingerhaus

Tipp

Für den Übergang von der Wasseralm zum Kärlingerhaus (oder umgekehrt) gibt es noch zwei »gipfellose« Alternativen: zum einen die Route 416 über das Halsköpfl (1719 m, großartiger Blick in die Achse des Königssees), zum anderen den strengeren, karstigen Übergang via Lange Gasse – Niederbrunnsulzen (2369 m) – Totes Weib (2087 m). Beide Wege sind im Rahmen der Hüttentour (→Tour 61) ausführlich beschrieben.

Selbhorn

27

Der Hauptgipfel des Steinernen Meeres

Charakter: Alpine Tour mit großem Höhenunterschied, aber ohne schwierige Kletterstellen (maximal I); Trittsicherheit und Ausdauer wichtig. Die Abstiegsvariante über die Wasserfallscharte ist ziemlich heikel und sollte nur von sehr Erfahrenen bei guten Verhältnissen (schneefrei und ausreichende Sicht) unternommen werden.
Bewertung: Normalroute über Luegscharte WF3–4; via Wasserfallscharte WF4.
Ausgangspunkt: Parkplatz im Krallerwinkel (ca. 900 m); Zufahrt von Maria Alm, Bus nur bis dorthin.
Höchster Punkt: Selbhorn (2654 m).
Hütten: Keine.
Gehzeiten: Krallerwinkel – Braggstein 2 ½ Std. – Luegscharte 2 Std. – Selbhorn ¾ Std. – Wasserfallscharte ½ Std. – Braggstein 1 ½ Std. – Krallerwinkel 1 ¾ Std.; insgesamt 9 Std.
Aufstiegsmeter: Krallerwinkel – Braggstein 930 Hm – Selbhorn 850 Hm.
Skizze: Siehe Seite 100.

WF3–4

9 Std.

↑↓ 1780 Hm

Der höchste Gipfel im Steinernen Meer ist nicht – wie manche vielleicht vermuten – die Schönfeldspitze, sondern das südöstlich davon aufragende Selbhorn. Es liegt etwas abseits der Hauptverbindungsrouten und ist deshalb nicht so populär, obwohl es sich über dem Tal von Maria Alm optisch prächtig in Szene setzt. Ohne Zwischenstützpunkt ist der Aufstieg jedoch recht lang und streckenweise beschwerlich dazu. Dafür ist ein urtümliches Bergerlebnis mit facettenreichen Impressionen praktisch garantiert. Wer über gutes Routengespür sowie ausgeprägte Trittsicherheit auch in unbequemem Gelände verfügt, kann im oberen Bereich eine Rundtour mit wildem Abstieg über die Wasserfallscharte planen.

Wegweiser an der Luegscharte

Über den Braggstein nähert man sich dem Felsaufbau des Selbhorns.

Aufstieg: Aus dem Krallerwinkel steigen wir nordostwärts zur Lechneralm (1261 m) auf und erreichen etwas höher die Zusammenführung mit dem geringfügig längeren Zugang von Hintertal über die Reiteralm (1208 m) und den Massingsattel. Nächstes Zwischenziel ist jetzt die vorgeschobene Latschenkuppe des Braggsteins (1825 m), die über ihren Südhang erstiegen wird und bereits eine fabelhafte Aussicht zu bieten hat. Von der kleinen Jagdhütte weiter am Bergrücken gegen das Selbhorn-Massiv aufwärts. Bei P. 2024 gabelt sich die Route: Während Steig 426 erst rechts quert und dann steil zur Wasserfallscharte emporführt, bleibt die Normalroute (Nr. 427) auf der linken Seite des schroffen Felsaufbaus. Schräg ansteigend werden hier zwei seichte, aber steile Geländebuchten

27

ausgegangen (Vorsicht: schuttbedeckte Platten), ehe man die quer laufende Schrofenrippe des Hochkempen in die dahinter liegende Karmulde übersteigt. Diese ausgehend weiter zur Luegscharte (2448 m) hinauf. Dort scharf rechts und über Schutthänge an die Felswände des Selbhorngrates heran. Wir überwinden den Riegel über ein schräg nach rechts ansteigendes, schuttiges Band und erreichen den Gipfelgrat knapp südlich des höchsten Punktes. Dieser kann leicht erklettert werden; meist wird jedoch gleich das auf dem Südgipfel (2643 m) stehende Kreuz anvisiert. Dorthin gelangen wir über eine mittels Seilstück entschärfte Felsstufe kurz abwärts und schließlich am leichten Verbindungskamm entlang.

Abstieg: Wer die Überschreitung ausführen möchte, folgt auf der Ostseite des Südgipfels den Rutschspuren über heikles, sandiges Steilgelände. Sie führen zunächst mehr nach Norden, um den Felsabbrüchen direkt über der Wasserfallscharte (2423 m) auszuweichen. Im Bogen erreicht man diese dann durch die karstige Mulde am Fuß der Flanke und steigt südwärts in die breite, schluchtartige Rinne ein. Teils über kleine Stufen, teils über Geröll-, eventuell auch Schneefelder folgt weiter unten ein felsiges Steilstück, das leichte Kletterei (I) erfordert. Hier ganz links halten und im Bereich einer glatten Felsrinne abwärts bis auf die Geröllreißen unterhalb (Obacht wegen Steinschlag). Anschließend in einer markanten Rechtsquerung entlang abschüssigen Schrofenhängen, die von mehreren seichten sowie einer tieferen Rinne durchzogen sind, bis zu P. 2024, wo man wieder auf die Anstiegsroute trifft. Wem diese Variante zu anspruchsvoll erscheint, sollte in jedem Fall wieder über die Luegscharte absteigen. Dabei kann ein »Schlenker« über die Buchauer Scharte (2269 m) erwogen werden (dorthin mittels bezeichneter Querung nördlich der Mannlköpfe), die einen günstigen Rückweg nach Maria Alm ermöglicht (→Tour 28).

Tipp

Aus dem Gebiet der Wasserfallscharte bzw. über die Hochbrunnsulzen (2356 m) am Nordende des langen Selbhorngrates ist ein Vordringen in den östlichsten Teil des Steinernen Meeres sehr interessant. Durch die Wasserfallgrube und um das Mitterhörnl herum erreicht man dort die abgelegene Biwakhütte (2457 m) unter dem Wildalmkirchl. Das **Wildalmkirchl (2573 m)** selbst ist hinsichtlich seiner Silhouette der wohl bemerkenswerteste Gipfel weit und breit. Vom Biwak aus dauert der Aufstieg nur 1/2 Std., wartet aber mit sehr ausgesetzten Passagen auf (Bewertung F5!). Steigspuren und Steindauben leiten an den markant geformten Bergkörper heran. Man erreicht die Gratkante zum Südabbruch und steigt steiler zu einem kleinen Kreuz an der äußersten Ecke des »Dachfirstes« auf. Nun horizontal, aber ausgesprochen exponiert an diesem entlang bis hinüber zum Gipfelaufbau, wo noch die klettertechnisch schwierigste Passage (II) an gut griffigem Fels wartet.

28 Schönfeldspitze

Das pyramidale Prunkstück des Steinernen Meeres

F4

9 ½ Std.

↑↓ 1860 Hm

Charakter: Recht anspruchsvolle Felstour mit längeren ausgesetzten Abschnitten im I. Grad, nur wenige Sicherungen. Absolute Schwindelfreiheit und Trittsicherheit sowie etwas Klettergewandtheit notwendig. Durch das Riemannhaus gut auf zwei Tage verteilbar, als Tagestour sehr anstrengend.
Bewertung: F4 beim Aufstieg vom Riemannhaus, auf der Ostroute mit F3–4 kaum leichter. Auch der Ramseider Steig zur Hütte trägt immerhin schon WK3, der Abstieg von der Buchauer Scharte ist insgesamt leichter.
Ausgangspunkt: Maria Alm (802 m); Busverbindung mit Saalfelden.
Höchster Punkt: Schönfeldspitze (2653 m).
Hütten: Riemannhaus (2177 m), DAV, Mitte Juni–Anfang Oktober, Tel. (A)-0664/211 03 37.
Gehzeiten: Maria Alm – Riemannhaus 3 ¾ Std. – Schönfeldspitze 1 ¾ Std. – Buchauer Scharte 1 Std. – Maria Alm 3 Std.; insgesamt 9 ½ Std.
Aufstiegsmeter: Maria Alm – Riemannhaus 1380 Hm – Schönfeldspitze 480 Hm.
Skizze: Siehe Seite 100.

Jeder, der schon mal den berühmten Malerwinkel am Nordende des Königssees besucht hat, kennt sie. Ist doch die Schönfeldspitze so etwas wie das i-Tüpfelchen dieses legendären Postkartensujets, mit ihrer ebenmäßigen Pyramidenform ein echter »Hingucker« und natürlich auch ein Begehrlichkeiten weckendes Gebilde für jeden Bergsteiger. Falls man im Steinernen Meer nicht noch mehr vorhat, geht man am besten von Süden hinauf, vom schmucken Pinzgauer Dorf Maria Alm über den eindrucksvollen Ramseider Steig zum Riemannhaus, anderntags dann zur großen Gipfelüberschreitung mit Abstieg über die Buchauer Scharte. Eine Tour, die – so das Wetter mitspielt und einem die Fernsicht Richtung Hohe Tauern nicht versagt bleibt – kaum etwas zu wünschen übrig lässt. Wer sie an einem Tag »packt«, darf sich fraglos einen Konditionstiger nennen.

Tipp

Die eigentlichen Hausberge des Riemannhauses heißen Breithorn (→Tour 29; 1 Std. ab Hütte) und **Sommerstein (2308 m)**, durch dessen Süd- und Westwand etliche schwere Kletterrouten verlaufen. Über den schrofigen Osthang ist der kleine Gipfel jedoch in rund 20 Min. leicht zugänglich. Wer noch etwas am Grat bzw. knapp links davon in Richtung Südosten steigt, kann auch das **Schöneck (2389 m)** mitnehmen – und wen es noch weiter treibt, der landet irgendwann auf dem **Wurmkopf (2451 m)**, wo es bereits Anschluss an den Aufstieg zur Schönfeldspitze gibt. Schwierigkeiten bis W3.

Aufstieg: Von Maria Alm kann man noch bis zum Hüttenparkplatz auf 1162 m fahren (1 Std. Zeitersparnis, aber nur sinnvoll, wenn später auf gleicher Route abgestiegen wird). Sonst startet man im

28

Ortsgebiet von Maria Alm, begibt sich bei der Talverzweigung links in den Grießbachwinkel (der Krallerwinkel bleibt rechts) und steigt auf dem Fahrsträßchen durch die Stablerau auf. Weiter über die Bilgerirast zum Beginn des Ramseider Steigs nahe der Materialseilbahn. Zwischen den Abstürzen von Breithorn und Sommerstein liegt ein steiler Felsenkessel, der auf dem streckenweise aus dem Gestein gehauenen und gut versicherten Steig überwunden wird. Nach vielen Kehren und Windungen erreichen wir schwächer geneigtes Gelände und schließlich das Riemannhaus (2177 m) in der Ramseider Scharte. Nun ostwärts – vorerst mit Wegnummer 401 – ohne wesentlichen Höhengewinn durch Karstgelände. Unterhalb des Wurmkopfes zweigt rechts die Gipfelroute ab. Über Schutt schräg links ansteigend gelangen wir bald in steileres Felsterrain. Trotz ein paar eisernen Griffen kann von einem Klettersteig keine Rede sein. Meist handelt es sich um typisches, durchaus ausgesetztes »Einser-Gelände«, das für reine Bergwanderer schon grenzwertig ist. Wir gewinnen den Westgrat und weichen dem schroffen Aufschwung zum Gipfel über ein südseitiges Band aus. Nach einer ansteigenden Querung zuletzt gemeinsam mit der Ostroute über Schrofen zur Spitze mit ihrem eigenwilligen Kreuz.

Markantes Profil: die Schönfeldspitze von Nordosten

Abstieg: Wir folgen der Route der Erstbesteiger über den steilen Schrofenhang Richtung Osten hinab. Aus einer Einschartung leiten die Markierungen in kurzem Gegenanstieg über einen Gratkopf und nachfolgend leichter hinab zur Buchauer Scharte (2269 m), wo mehrere Routen abgehen. Wir steigen südwärts auf Weg 414 in zahlreichen Kehren durch den großen Kartrichter ab, überschreiten weiter unten eine Runse und kommen durch Latschenfelder zur Freithofalm (1555 m). Auf einem Fahrweg weiter, nehmen wir dann die Abkürzung über die Kaseregg-Kapelle und wandern schließlich durch den Krallerwinkel flach talauswärts nach Maria Alm.

29 Saalfeldener Höhenweg

Hochalpine Überschreitung von Persail-, Mitter- und Breithorn

FK4

10 Std.

↑↓ 1850 Hm

Charakter: Hochalpine Überschreitung dreier Randgipfel des Steinernen Meeres; deutlich markiert, aber kein eigentlicher Weg. Steiniges Gelände mit einzelnen Kletterstellen (kaum schwieriger als I+), nur selten versichert; Trittsicherheit und grundlegende Bergerfahrung notwendig. Auch beim Talabstieg noch steile, gesicherte Felsstellen.
Bewertung: FK4 für den Saalfeldener Höhenweg, W2 (oder W3) am Zustieg und WK3 beim Abstieg über den Ramseider Steig.
Ausgangspunkt: Saalfelden, Parkplatz beim Gymnasium (Obsmarkt, ca. 840 m).
Höchster Punkt: Breithorn (2504 m).
Hütten: Peter-Wiechenthaler-Hütte (1707 m), ÖAV, Anfang Juni–Anfang Oktober, Tel. (A)-06582/734 89; Riemannhaus (2177 m), DAV, Mitte Juni–Anfang Oktober, Tel. (A)-0664/211 03 37.
Gehzeiten: Saalfelden – Wiechenthaler-Hütte 3 Std. – Persailhorn 2 Std. – Breithorn 1 ¾ Std. – Riemannhaus ¾ Std. – Saalfelden 2 ½ Std.; insgesamt 10 Std. (verteilbar auf 2–3 Tage)
Aufstiegsmeter: Saalfelden – Wiechenthaler-Hütte 870 Hm – Persailhorn 640 Hm – Riemannhaus 340 Hm.
Skizze: Siehe Seite 100.

Der Name »Saalfeldener Höhenweg« mag reichlich verniedlichend klingen, für diesen durchaus anspruchsvollen und ganz schön ruppigen Gang über drei der südwestlichen Randgipfel des Steinernen Meeres. Da ist teilweise schon der Einsatz der Hände gefordert und vor allem eine gediegene Trittsicherheit. Den Anfang macht das variantenreiche Persailhorn, dann folgt das – nomen est omen – Mitterhorn und schließlich das vom Riemannhaus häufig besuchte Breithorn. Großartig ist die Aussicht, die von zwei völlig gegensätzlichen Seiten geprägt ist: zur Linken die weitläufige Felswüste des Steinernen Meeres, die sich hervorragend überblicken lässt, rechts der Steilabfall zum grünen Pinzgau, hinter dem am Horizont die schneebedeckten Hohen Tauern leuchten.

Zustieg: Zur Peter-Wiechenthaler-Hütte bieten sich zwei grundsätzlich verschiedene Zustiege an: a) Man quert zunächst eine Weile Richtung Norden, bis nach dem Graben des Öfenbachs (oberhalb des Ortsteiles Bachwinkel) der eigentliche Aufstieg beginnt. In Kehren am bewaldeten Kienberg empor, dann rechts weiter zu einer Verzweigung (»Kreuzweg«, 1348 m). Entweder auf der Hauptroute durch Latschenhänge ziemlich direkt oder links auf dem so genannten Schattseitweg den Kienalkopf nördlich umgehend und von der Rückseite zur Hütte hinauf. b) Vom Wander-

29

parkplatz über die Einsiedelei zur Metzger-Steinalm (1271 m). In der Folge durch eine Hangmulde in die latschenbestandene und von gewaltigen Gräben zerfurchte Flanke des Persailhorns. Hier nordwärts eindrehend und via Persailfoißl zur Hütte (etwas länger und anspruchsvoller).

Saalfeldener Höhenweg: Mit Markierung 428 durch Latschenzonen an den Schrofenvorbau des Persailhorns heran. Unterhalb der ersten schrofferen Felsen zweigt rechts der Südwand-Klettersteig ab, kurz darauf, nach einem gesicherten Aufschwung, links die Wildental-Route (→Tour 30). In leichter, teilweise gesicherter Kraxelei durch die gegliederte Westflanke empor, bis wenig unterhalb des Gipfels die Klettersteige wieder einmünden. Gemeinsam erreicht man über die Gratfelsen und den kreuzgeschmückten Vorgipfel den höchsten Punkt des Persailhorns (2347 m). Vorerst dem recht ausgesetzten Grat folgend, dann etwas in die Nordseite ausweichend und hinab zur Einsattelung P. 2258 vor dem Gegenanstieg zum Mitterhorn. Brüchiges Felsgelände kennzeichnet den Weiterweg. Entgegen der Darstellung auf der AV-Karte steigt man nicht nordseitig über die Gamsfeldnieder, sondern vorteilhaft direkt über den Gipfel des Mitterhorns (2491 m). Jenseits an Sicherungen steil hinab, auf Bändern rechts an den kantigen Drei Docken vorbei und in kurzem Anstieg auf das Breithorn (2504 m). Von dort führt nordostseitig ein schuttreicher, mitunter auch steintreppenartig angelegter Steig zum Riemannhaus (2177 m) hinab.

Abstieg: Südwärts in vielen Windungen über den streckenweise in den Fels gesprengten Ramseider Steig bergab (einige Sicherungen). Am Felsfuß gelangt man in ein Schuttkar, zweigt bei der Bilgerirast (1429 m) rechts ab und folgt Weg 413 durch Wald zurück zum Ausgangspunkt oberhalb von Saalfelden.

Am Grat zwischen Persailhorn und Mitterhorn

30 Klettersteigrunde am Persailhorn

Über Wildental- und Südwand-Klettersteig

K4

8 3/4 Std.

↑↓ 1550 Hm

Charakter: Zwei mäßig schwierige Klettersteige in Kombination, einer folglich im Abstieg. Etwas Erfahrung in solchen Dingen vorteilhaft, Klettersteigausrüstung empfehlenswert. Als Tagestour ziemlich, mit Hüttenübernachtung hingegen mäßig anstrengendes Programm.
Bewertung: Für beide Klettersteige K4.
Ausgangspunkt: Parkplatz Bachwinkel (845 m), knapp oberhalb des Ortsteiles von Saalfelden (Abzweig von der B 311 am nördlichen Ortsausgang).
Höchster Punkt: Persailhorn (2347 m).
Hütten: Peter-Wiechenthaler-Hütte (1707 m), ÖAV, Anfang Juni–Anfang Oktober, Tel. (A)-06582/734 89.
Gehzeiten: Bachwinkel – Wiechenthaler-Hütte 2 1/2 Std. – Persailhorn 2 Std. – Wiechenthaler-Hütte 1 1/2 Std. – Metzger-Steinalm – Bachwinkel 2 3/4 Std.; insgesamt 8 3/4 Std.
Aufstiegsmeter: Bachwinkel – Wiechenthaler-Hütte 860 Hm – Persailhorn 640 Hm – Metzger-Steinalm 50 Hm.

Das Persailhorn, einer der Hausberge Saalfeldens, hat sich nach und nach als Ziel für (Genuss-)Ferratisti herausgeputzt. Zwei Klettersteige sind an diesem Berg entstanden – keine ganz scharfen, supersportlichen Routen, aber es muss ja auch nicht überall nach dem Motto »Steiler, spektakulärer, schwieriger« gebohrt werden. So ist's auch gut für den einen oder anderen leichten »Kick«, macht vor allem den Durchschnitts-Ferratisti Spaß (und keine Angst), ohne beim Blick aufs Eisen den ganzen Berg mitsamt dem großen Drumherum aus den Augen zu verlieren. Der altehrwürdige Saalfeldener Höhenweg (→Tour 29) ist

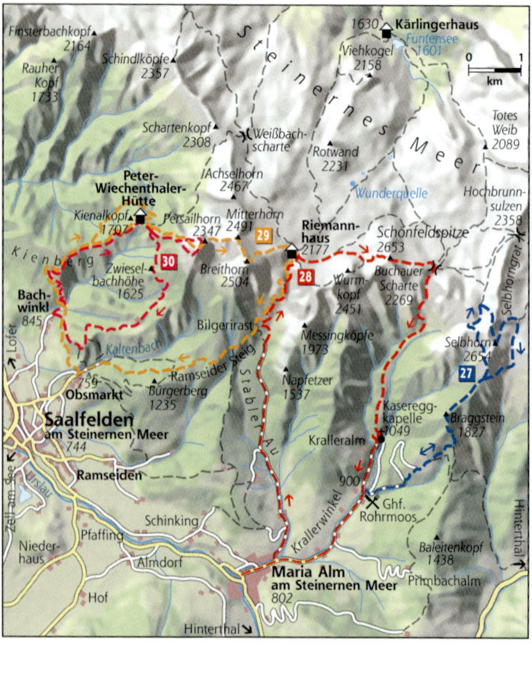

30

darüber fast ein wenig in Vergessenheit geraten, aber so sind nun einmal die Zeiten …

Aufstieg über Wildental-Klettersteig: Der Zustieg zur Peter-Wiechenthaler-Hütte kann im vorherigen Kapitel nachgelesen werden. Von der Hütte zunächst wie auf dem Saalfeldener Höhenweg, die Abzweigung rechts zum Südwand-Klettersteig unbeachtet lassend. Nach kurzer Linksquerung an einer schrofigen Rippe mit ersten Drahtseilen aufwärts. Nun schert auch der Wildental-Klettersteig vom alten Normalweg aus, und zwar nach links. Er vollzieht eine luftige Traverse (anfangs leicht abwärts, dann mit der abdrängenden »Wastl-Promenade« wieder ansteigend). Plattiger Fels und eine Rippe geben den Weiterweg vor; man gelangt zu einer Wandstufe, die mit Hilfe dreier versetzter Leitern überwunden wird. Nach einem Kamin erreicht der Wildental-Klettersteig die Vereinigung aller Routen am Westgrat, über den es weiterhin versichert zum Gipfel des Persailhorns (2347 m) hinaufgeht.

Die letzten Aufstiegsmeter am Westgrat

Abstieg über Südwand-Klettersteig: Über den Grat zunächst wieder bergab. Kurz nach der Abzweigung der Wildentalroute leitet der Südwand-Klettersteig auf die andere Seite. Sehr geschickt windet er sich durch den Steilabbruch, teils über schrofige Rippen, teils über kurze Stufen, die mittels Leitern gangbar gemacht wurden. Rechts um ein Eck herum schließt sich eine absteigende Querung über Fels- und Schuttbänder an, die zum Wandsockel und schließlich zur im Aufstieg passierten Weggabelung hinableitet. Für den Talweg wird man zur Abwechslung einer Variante den Vorzug geben, z. B. über die Metzger-Steinalm (1271 m) und die Einsiedelei zurück nach Bachwinkel.

31 Großer Hundstod und Schindlkopf

Die Gipfel über dem Ingolstädter Haus

WF3

8 1/4 Std.

↑↓ 1480 Hm

Charakter: Wenig schwierige, felsig-schrofige Gipfelsteige, ordentlich markiert und ohne wesentliche Kletterei (höchstens kurze Stellen I). Trittsicherheit aber vor allem am Hundstod wichtig. Bei Beschränkung auf einen Gipfel durchschnittliches Tagespensum, sonst besser mit Übernachtung.
Bewertung: Bei den Gipfelbesteigungen WF3 (Hundstod) und W2–3 (Schindlkopf); der Hüttenzustieg entspricht maximal W2.
Ausgangspunkt: Dießbach-Stausee (1415 m), erreichbar per Kleinbus von Weißbach im Saalachtal (nähere Infos beim Gasthaus Lohfeyer, Tel. (A)-06582/83 55, www.gasthaus-lohfeyer.at).
Höchster Punkt: Großer Hundstod (2593 m).
Hütten: Ingolstädter Haus (2119 m), DAV, Mitte Juni–Anfang Oktober, Tel. (A)-06582/83 53.
Gehzeiten: Dießbach-Stausee – Ingolstädter Haus 2 1/2 Std. – Großer Hundstod 1 1/2 Std. – Ingolstädter Haus 1 Std. – Schindlkopf – Ingolstädter Haus 1 1/2 Std. – Dießbach-Stausee 1 3/4 Std.; insgesamt 8 1/4 Std.
Aufstiegsmeter: Dießbach-Stausee – Ingolstädter Haus 750 Hm – Großer Hundstod 480 Hm – Schindlkopf 250 Hm.
Skizze: Siehe Seite 129.

Der Große Hundstod am Nordwestrand des Steinernen Meeres gehört zu den auffälligsten Gipfelgestalten in dieser weiten Karstöde. Je nach Blickwinkel wandelt sich sein Antlitz ganz beträchtlich, von einer eleganten Spitze bis zum wuchtigen, ungehobelten Klotz. Die relativ leichte Ersteigbarkeit sieht man ihm nicht von überall an. Als Hausberg des Ingolstädter Hauses wird der Große Hundstod aber viel besucht, zumal trotz relativer Steilheit auch jeder trittsichere Bergwanderer den Gipfel über einen passablen Schrofensteig erreichen kann. Wenn man flink ist, kann man sogar zum Sonnenuntergang noch hinaufgehen. Das Panorama zählt zu den beeindruckendsten in den Berchtesgadener Alpen. Besonders besticht der Watzmann in seiner Südansicht als kühnes Felshorn. Den Plateaurand des Steinernen Meeres erfasst man allerdings besser am Schindlkopf, dem zweiten mit einer Markierung erschlossenen Gipfel im Umkreis des Ingolstädter Hauses. So erwartet uns ein voll ausgefülltes Tagesprogramm – oder mag man anschließend vielleicht sogar zur großen Tour durchs Steinerne Meer aufbrechen (→Tour 62)?

Tipp

Von Berchtesgadener Seite wird der Große Hundstod via Wimbachgrieshütte, Trischüblpass, Hundstodgatterl angegangen: ein wahrer Mammutmarsch. Der alternative Rückweg – ebenso lang und dazu anspruchsvoller – führt dann über die Hochwies und die Wimbachscharte, eventuell noch in Kombination mit dem Seehorn. Siehe dazu die Hüttentour (→Tour 61).

31

Hüttenzustieg: Falls man nicht den Zubringerdienst des Gasthauses Lohfeyer nutzt, startet man am besten in Pürzlbach (1080 m), das auf einer Bergstraße von Weißbach erreichbar ist. Von dort führt ein Fahrweg über die Kallbrunnalm zum Dießbach-Stausee (1415 m) hinauf, wo auch das Taxi seine Gäste absetzt (gut 1 Std. zusätzlich). Wir überschreiten die Staumauer und gehen am Südufer entlang im Auf und Ab ins Dießbachtal hinein. Nach Passieren der Materialseilbahn auf der verfallenen Mitterkaseralm halten wir uns bei der Weggabelung rechts und wandern dicht unter den linksseitigen Wänden weiter zum Ingolstädter Haus (2119 m) in der Dießbachscharte empor.

Zum Großen Hundstod: Von der Hütte nordwärts über verkarstetes Felsgelände leicht bergauf zur Hundstodscharte (2210 m). Nun stärker ansteigend in die schrofige Südflanke des Berges. Den Markierungen folgend leicht rechts und im Zickzack mit kurzen Kraxelstellen (maximal I) zum Gipfel des Großen Hundstod (2593 m). Abstieg identisch.

Zum Schindlkopf: In diesem Fall geht es in südlicher Richtung ein kurzes Stück auf dem Eichstätter Weg (Nr. 401) entlang, bis rechts eine blaue Markierung abzweigt. Über Karrenfelder, Schutt und Schrofen allmählich steiler in die Einsattelung zwischen beiden Gipfelköpfen und nach rechts zum höchsten Punkt (2357 m).

Das Ingolstädter Haus am Großen Hundstod

Klassisches Motiv: der Watzmann mit Frau und Kindern von Norden gesehen

Watzmann

Der sagenumwobene Watzmann ist das absolute Aushängeschild des Berchtesgadener Landes, ein alpines Wahrzeichen von Rang und Publikumsmagnet sondergleichen. Form und Aufbau sind einfach bestechend. Eingefasst von den tiefen Furchen des Königssees und Wimbachtals, ist der Watzmann ein isoliert stehender Bergstock. Die Nordansicht über dem Berchtesgadener Talkessel mit dem Großen Watzmann rechts, dem Kleinen Watzmann (»Watzfrau«) links und den fünf Kindern dazwischen ist ein klassisches Kalendermotiv. Ein Faszinosum sondergleichen ist die Ostwand, die über St. Bartholomä am Königssee fast 2000 Meter in die Höhe schießt. Dagegen schreckt die gewaltige Westflanke mit ihren zerschlissenen Gräben und Rippen eher ab. Von Süden

gesehen, zum Beispiel aus dem Steinernen Meer, erscheint der Berg hingegen als spitzes Horn.

Für Wanderer und Alpinisten ist und bleibt der Watzmann ein – vielmehr *das* – Paradeziel. Dabei gibt es diverse Tourenmöglichkeiten für unterschiedliche Ansprüche. Mit der legendären Ostwand wollen wir uns im Rahmen dieses Führers nicht beschäftigen, sind ihre Anforderungen für einen Normalbergsteiger doch mindestens eine Nummer zu hoch. Ausdauernde Bergwanderer erklären das Hocheck (den Nordgipfel des Watzmann) zu ihrem Ziel. Wer ein bisschen Klettererfahrung besitzt, wagt den Übergang zur Mittelspitze. Das große, klassische Unternehmen ist freilich die Gesamtüberschreitung aller drei Watzmanngipfel, üblicherweise vom Watzmannhaus angegangen, mit südseitigem Abstieg zur Wimbachgrieshütte. Daneben sollten aber auch die Trabanten gebührende Aufmerksamkeit finden. Etwa der Kleine Watzmann, dessen anspruchsvolle Normalroute von der Kührointalm über den Nordostgrat führt, oder das mit einer brillanten Aussicht aufwartende Dritte Watzmannkind, das durchs eindrückliche Watzmannkar bestiegen wird. Dort liegt auch der Einstieg zur Wieder-Route, jener recht beliebten Kletterführe durch die Ostwand der Mittelspitze – eine echte Herausforderung für den Normalbergsteiger, der hier vielleicht an seine obere Grenze stößt. Wer nicht so hoch hinausmöchte, kann den Watzmannstock zum Großteil umrunden: Der Weg durchs Wimbachtal und über den Trischübl nach St. Bartholomä ist voller packender Landschaftsbilder und lässt sich mit einem Abstecher auf die Hirschwiese sogar noch bereichern. An den nordöstlichen Ausläufern gibt es überdies zahlreiche Wanderwege, die auch als Zustiege zu Watzmannhaus und Kührointalm genutzt werden, wobei der ausgesetzte Rinnkendlsteig mit der Archenkanzel besonderer Erwähnung wert ist. Allerhand Möglichkeiten also, um am »König« des Berchtesgadener Landes großartige Bergerlebnisse zu feiern!

32 Rund um den Watzmann

Durchs Wimbachtal zur Hirschwiese und nach St. Bartholomä

W2–3

8 1/4 Std.

↑1480 Hm ↓1510 Hm

Charakter: Unschwierige, aber sehr lange Wanderung, die Ausdauer und stellenweise etwas Trittsicherheit erfordert. Bis auf steilen Schrofensteig zur Hirschwiese (optional) gut bezeichnet.
Bewertung: W2–3 für die Hirschwiese und an der Sigeretplatte, sonst W2 und im Wimbachtal W1.
Ausgangspunkt: Parkplatz Wimbachbrücke (634 m) zwischen Berchtesgaden und Ramsau; Bushaltestelle.
Endpunkt: St. Bartholomä (605 m), Anlegestelle der Königssee-Schifffahrt; letztes Boot je nach Saison um 17.30 bis 18.30 Uhr.
Höchster Punkt: Hirschwiese (2114 m); ohne Abstecher Trischüblpass (1764 m).
Hütten: Wimbachgrieshütte (1327 m), TVN, Anfang Mai–Mitte/Ende Oktober, Tel. (D)-08657/344.
Gehzeiten: Wimbachbrücke – Wimbachgrieshütte 2 3/4 Std. – Trischübl 1 1/2 Std. – Hirschwiese – Trischübl 1 1/2 Std. – St. Bartholomä 2 1/2 Std.; insgesamt 8 1/4 Std.
Aufstiegsmeter: Wimbachbrücke – Wimbachgrieshütte 690 Hm – Trischübl 440 Hm – Hirschwiese 350 Hm.
Skizze: Siehe Seite 111.

Beim Aufstieg aus dem Wimbachtal zum Trischüblpass

Die ausgedehnte Rundtour um das Watzmann-Massiv zählt zu den besonders abwechslungsreichen im Nationalpark. Mit der Wimbachklamm nimmt die Wanderung gleich einen furiosen Auftakt, ehe es in sanfter Steigung durch das wohl urwüchsigste Gebirgstal der Berchtesgadener Alpen bergauf geht. Zwischen den himmelstrebenden Flanken von Watzmann und Hochkalter eingeschnitten, präsentiert das Wimbachtal seinen 10 km langen und bis zu 300 m mächtigen Schuttstrom, das so genannte »Gries«. Im Hintergrund bilden die zerklüfteten Palfelhörner den Blickfang. Die Brüchigkeit der Felsen ringsum, namentlich des Ramsaudolomits, veranschaulicht die geologische Entstehung dieses Schuttpanzers, der ständigen Veränderungen und Umlagerungen unterworfen ist. Aus dem Talschluss führt der Übergang via Trischüblpass in Richtung Königssee. Wer noch Power hat, sollte keinesfalls den Abstecher zur

32

aussichtsreichen Hirschwiese versäumen. Vor allem der Blick in die gewaltigen Abstürze des Watzmann ist von dort atemberaubend. Abschließend steht noch ein kräftiger Abstieg bis zum malerischen Ufer des Königssees, den man zuvor aus luftiger Warte geschaut hat, bevor. Hinweis: In umgekehrter Richtung ist das Bergauf etwas anstrengender, man ist in diesem Fall aber auf kein »letztes Schiff« angewiesen.

Aufstieg: Von der Wimbachbrücke auf einer Straße taleinwärts, wo bald der Weg durch die Wimbachklamm (Gebühr) abzweigt. Klammweg und Umgehung kommen danach wieder zusammen und führen als Route 421 weiter in sehr gemäßigter Steigung ins Wimbachtal hinein. Zunächst begleitet uns zur Linken noch ein Bachlauf, der weiter oben unter dem gewaltigen Schuttstrom verschwindet. Immer rechts davon am Wimbachschloss (937 m, Einkehr) vorbei aufwärts. Später wird der Schuttstrom nach links überquert, bevor es in leichtem Linksbogen zur Wimbachgrieshütte (1327 m) geht. Weiter in den hinteren Talwinkel, wo man nach einigen Serpentinen und einer Rechtstraverse den Trischüblpass (1764 m) erreicht. Für die Rundwanderung ist es der Scheitelpunkt; es wäre allerdings eine verpasste Gelegenheit, den Gipfel der Hirschwiese (2114 m) mit seiner fantastischen Aussicht nicht mitzunehmen. Nur spärlich markiert, aber deutlich zu erkennen, zieht die Steigspur durch die südseitige Gras- und Schrofenflanke recht steil zum Gipfelplateau hinauf. An der Abbruchkante ins Hocheis steht das Kreuz.

Tipp

Vom Trischübl bietet sich ein Übergang ins Steinerne Meer an. So lässt sich über das Hundstodgatterl (2188 m) in gut 2 Std. das Ingolstädter Haus (2119 m) erreichen (Markierung 411, Schwierigkeitsniveau W3).

Abstieg: Zunächst zurück zum Trischübl, dann auf der Ostseite in ein Hochtälchen hinab. Wo das Gelände steiler wird, hält man sich rechts und steigt einige Meter bergauf, ehe der Weg wieder scharf nach links umknickt. Wir lassen die Abzweigung Richtung Oberlahner/Kärlingerhaus rechts liegen und steigen mit Markierung 419 durch bewaldetes Terrain zur Sigeretplatte ab. Auf einem ausgesprengten, gesicherten Band durch die Felsen, dann über Geröllreißen weiter abwärts und wieder in den Wald. Von rechts mündet der gute Weg aus der Saugasse (Nr. 412) ein, mit ihm über die Schrainbach-Holzstube hinab zum Königssee und nahe dem Ufer entlang nach St. Bartholomä.

33 Watzmann-Überschreitung

Der klassische Gratübergang vom Watzmannhaus ins Wimbachgries

FK4–5

12 ½ Std.

↑↓ 2250 Hm

Charakter: Lange, anspruchsvolle Gratüberschreitung in großer Höhe. Über weite Strecken sehr exponiert, stellenweise I bis II, aber klettersteigartig ausgebaut. Absolute Schwindelfreiheit und Trittsicherheit, etwas Klettergeschick, große Ausdauer sowie stabiles Wetter und schneefreie Verhältnisse sind absolute Notwendigkeiten. Sehr erfahrene Bergsteiger begehen den Grat frei, sonst Klettersteigsicherung empfehlenswert. Achtung: Der Abstieg ins Wimbachtal ist berüchtigt lang, stellenweise ausgesetzt (I) und ziemlich geröllhaltig. Zumindest bis zum Hocheck führt ein weitgehend unschwieriger Bergsteig, der auch für den Bergwanderer geeignet ist.
Bewertung: Die Gesamtüberschreitung kann mit FK4–5 eingestuft werden; Aufstieg nur bis zum Watzmannhaus W2, zum Hocheck WF3 und zur Mittelspitze FK4.
Ausgangspunkt: Parkplatz Wimbachbrücke (634 m) an der Straße Berchtesgaden–Ramsau; Bushaltestelle.
Höchster Punkt: Watzmann-Mittelspitze (2713 m).
Hütten: Watzmannhaus (1928 m), DAV, Ende Mai–Anfang/Mitte Oktober, Tel. (D)-08652/96 42 22; Wimbachgrieshütte (1327 m), TVN, Anfang Mai–Mitte/Ende Oktober, Tel. (D)-08657/344.
Gehzeiten: Wimbachbrücke – Watzmannhaus 3 ½ Std. – Hocheck 2 Std. – Mittelspitze ½ Std. – Südspitze 1 ½ Std. – Wimbachgrieshütte 3 Std. – Wimbachbrücke 2 Std.; insgesamt 12 ½ Std. (in der Regel verteilt auf 2 Tage).
Aufstiegsmeter: Wimbachbrücke – Watzmannhaus 1300 Hm – Hocheck 720 Hm – Mittelspitze – Südspitze 230 Hm.
Skizze: Siehe Seite 111.

Watzmann-Überschreitung – das ist ein echtes Schlagwort! Eine aufregend luftige Gratkraxelei, ganz nah dran am höchsten (Bergsteiger-)Himmel, garniert mit faszinierenden Fern- und schaurigschönen Tiefblicken. Dass es sich hierbei um die vermeintliche Top-Tour in den Berchtesgadenern handelt, ist kein Geheimnis. Eigentlich sollten ihre Anforderungen hinlänglich bekannt sein. Aber dieser Tour eilt ein so legendärer Ruf voraus, dass manch einer sie unbedingt »machen« möchte, ohne ihren Schwierigkeiten wirklich gewachsen zu sein. Kritische Selbstbetrachtung ist oberstes Gebot! Von Vorteil mag sein, dass man sich sozusagen »vortasten« kann. Bis zum Hocheck sollte es ein halbwegs erfahrener, ausdauernder Berggeher allemal schaffen. Für die Überschreitung ist es freilich erst das Warmlaufprogramm. Dahinter beginnt der Ernst des ausgesetzten Watzmanngrates. Der gut halbstündige Übergang zur Mittelspitze (als Kulminationspunkt des Berges) wartet schon mit ein paar alpinistischen Fines-

33

sen auf. Wer hier an seine Grenzen stößt, sollte lieber auf dem gleichen Weg zurückgehen. Denn die Fortsetzung zur Südspitze gestaltet sich noch eine Spur schärfer, vor allem hält man sich noch eine ganze Weile in exponiertem Gelände auf. Wehe dem, der jetzt von Schlechtwetter eingeholt wird. Immerhin ist auch an der Südspitze, dem eigentlichen »Watzmann-Gipfel« der Gratüberschreiter (und Ostwandbegeher), längst nicht Schluss. Ein nicht enden wollender, sehr ruppiger Abstieg durch die Südflanke erfordert weiterhin volle Konzentration, bis man nach über 1300 Abstiegsmetern im Wimbachgries ankommt. Zum Ausklang stehen dann noch acht flache Kilometer durchs Wimbachtal bevor.

Impressionen beim Übergang zur Südspitze

Zustieg zum Watzmannhaus: Über die Wimbachbrücke und auf breiten Waldwegen (Markierung 441) recht kräftig ansteigend via Stubenalm (1140 m, Einmündung des von der Schapbach-Holzstube kommenden Weges 444) zur Jausenstation Mitterkaseralm. In engen Kehren durch eine Schneise und zur Falzalm, wo der Wald endgültig zurückbleibt. Wenig später kommt von links der Falzsteig (Nr. 442) dazu. An den nordostseitigen Hängen des Falzköpfls schraubt sich die Route weiter in die Höhe und erreicht über eine Geländekante das herrlich gelegene Watzmannhaus (1930 m).

Gratüberschreitung: Am nächsten Morgen ist früher Aufbruch dringend angeraten. Ein Schrofensteig führt in Serpentinen am

33

Nordhang empor – rechts die Watzmanngrube, zur Linken die Steilabbrüche ins Watzmannkar. Ein kurzer Aufschwung zur »Schulter« ist gesichert, dann wieder leichter über schuttbedeckte Felsen, stets knapp rechts der Gratkante verbleibend, bis auf den Gipfel des Hochecks (2651 m). An der Unterstandshütte vorbei steigen wir über den nun ausgesetzten Grat an Sicherungen etwas bergab, anschließend ein Stück im Auf und Ab auf der Westseite weiter, bis der Gegenanstieg zur Mittelspitze (2713 m) ansetzt. Diese wird über eine markante Platte und gestufte Felsen gewonnen. Dahinter erneut luftig am Grat abwärts. Es folgen einige Abschnitte auf westseitigen Bändern, womit schroffere Gratpartien günstig umgangen werden. Ein ansteigendes Band führt zurück auf die Schneide, die wieder eine rassige Passage bereithält. Nochmals absteigend in die Scharte vor der Südspitze. Man verbleibt vorerst am Grat, weicht dann sogar für ein kurzes Stück in die jäh abfallende Ostseite aus, ehe die letzten Felsaufschwünge zur Südspitze (2712 m) wieder mehr auf der Westseite erklettert werden.

Abstieg: Zunächst am Grat südwärts, bald jedoch nach rechts in eine Rinne hinab. Über gesicherte Felsstufen gut 200 Hm abklettern (I), bis man auf das Obere Schönfeld gelangt. In Schutt und Schrofen leicht links haltend, dann über eine weitere steile Geländestufe auf das begrünte Untere Schönfeld. Am unteren Rand steigt man nach links in einen Graben ein. Wo dieser ungangbar wird, in einer Linksquerung über einige Rippen. In der bizarren Ramsaudolomit-Landschaft führen weitere sandige, latschengesäumte Gräben, z.T. mit schweren Eisenketten gesichert, zum Auslauf auf die Schotterfelder des hinteren Wimbachgries. Nachdem die Schwierigkeiten nun bewältigt sind, erreichen wir bald darauf die Wimbachgrieshütte (1327 m). Zuletzt noch – wie bei Tour 32 in umgekehrter Richtung beschrieben – durchs gesamte Wimbachtal hinaus zum Ausgangspunkt an der Wimbachbrücke.

Unterwegs am gesicherten Watzmanngrat

Über die Wieder-Route zur Mittelspitze

34

Die »kleine« Ostwand

Charakter: Klettertour mit längeren ausgesetzten Passagen bis II+ in meist solidem Fels, nur ansatzweise bezeichnet, also weitgehend selbstständig zu finden. Große Bergerfahrung mit entsprechender Gewandtheit und Routeninstinkt nötig, zudem gute Kondition. Nur sehr Geübte gehen hier seilfrei, Helm unbedingt ratsam.
Bewertung: F6 für die Wieder-Route, Abstieg WK4 und leichter.
Ausgangspunkt: Parkplatz Hammerstiel (760 m) in Hinterschönau; Bushaltestelle ca. 20 Min. entfernt beim Kramerlehen.
Höchster Punkt: Watzmann-Mittelspitze (2713 m).
Hütten: Kührointhütte (1420 m), privat, Anfang Juni–Anfang Oktober, Tel. (D)-08652/73 39 oder 0171/353 33 69; Watzmannhaus (1928 m), DAV, Ende Mai–Anfang/Mitte Oktober, Tel. (D)-08652/96 42 22.
Gehzeiten: Hammerstiel – Kühroint 2 bzw. 3 Std. – Einstieg Wieder-Route 2 Std. – Watzmann-Mittelspitze 2 bis 3 Std. – Watzmannhaus 2 Std. – Hammerstiel 2 ½ Std.; insgesamt 10 ½–12 ½ Std.
Aufstiegsmeter: Hammerstiel – Kühroint 660 Hm – Mittelspitze 1300 Hm.

F6

10 ½–12 ½ Std.

↑↓ 1960 Hm

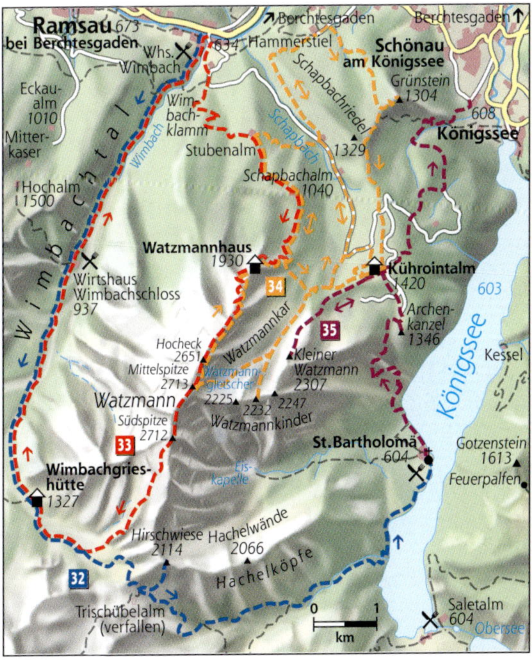

Die Wieder-Route zur Watzmann-Mittelspitze – »kleine Ostwand«, wie sie auch genannt wird – ist ein absolutes Highlight in diesem Führer. Das gilt landschaftlich und hinsichtlich der Anforderungen sowieso. Schon der Zustieg durchs urweltliche Watzmannkar liefert prächtige Eindrücke (siehe auch Tipp), dazu die anregende Kletterei in der rund 600 m hohen, von markanten Schichtbändern durchzogenen Ost-

34

Blick aus dem Watzmannkar auf die frühmorgendlich illuminierte Ostwand der Mittelspitze

wand, die sich zwar kompliziert gliedert, aber somit auch immer wieder günstige Durchschlüpfe preisgibt. Eine Tour, die den oberen II. Grad kaum übersteigt, würde man dort nicht unbedingt vermuten. Allerdings muss gesagt werden, dass für Normalbergsteiger damit quasi das Limit erreicht ist, zumal hier keinerlei Sicherungen und nur wenige künstliche Anhaltspunkte zur Orientierung vorhanden sind. Prägnantes Kernstück ist das große, schon von weitem auffallende Wiederband, dazu kommen Rinnen, Felsstufen, Querungen ... – alles in allem eine Route voller Spannung und Überraschungen. Und dann das Gefühl am Ausstieg zur Mittelspitze, einfach erhebend, der Autor kann's bestätigen ...

Zustieg: Der schnellste Zugang ins Watzmannkar führt von Hammerstiel über die meist breiten Wege 444 und 442 via Schapbachalm Richtung Kühroint (1420 m). Wer dort übernachten möchte, sollte allerdings den etwas längeren, reizvolleren Weg über den Grünstein (1304 m, toller Aussichtspunkt über die Schönau) erwägen. Bei der Alm dann westwärts in Richtung Watzmannhaus, bis ein ausgeprägter, aber nicht bezeichneter Pfad ins Watzmannkar abzweigt (aus dem Schapbachtal kommend auch Abkürzer möglich). Auf guten Steigspuren aufwärts, lassen wir den Wald bald unter uns und begeben uns allmählich in blockreiches Kargelände. Wir ziehen zunehmend in die Mitte hinüber, den Nordsporn der Watzmann-Jungfrau (Viertes Kind) als Richtungszeiger, und steigen schließlich rechts daran vorbei in die

34

rechte, westliche Karbucht, die noch die Reste des Watzmanngletschers trägt. Über das Eis (manchmal Steigeisen vorteilhaft) und steile Schutthänge gelangt man rechts haltend zum Einstieg, der sich bei einer nach Süden offenen Steilrinne befindet.

Wieder-Route: Durch die lange, gestufte Rinne (II) hinauf bis zu einem Absatz. Dort folgt ein Quergang auf Schuttbändern mit wenigen Metern Höhenverlust bis zum Beginn des riesigen Wiederbandes, das diagonal die Ostwand der Mittelspitze durchzieht. Über das steile, von Wasserrillen zerfurchte und speziell nach oben hin teils mit Schutt bedeckte Band empor (je nach Jahreszeit sind auch Schneereste anzutreffen). Man gelangt zu einem abgespaltenen Zacken, den man links umgeht. Gleich dahinter rechts durch eine Rinne und in gleicher Richtung über felsige Absätze schräg aufwärts (vielfach II). Unter steileren Wänden erneut links auf das nächste, deutlich kürzere Band, von dessen Ende (Steinmann) man über mehrere kleine Wandstufen aufsteigt (bis II+). Nun folgt ein wichtiger Quergang nach links, wobei hinter einer Ecke der Watzmanngrat mit seinen Drahtseilen sichtbar wird und man umgekehrt nicht selten überraschte Blicke erntet. Eine Steilrinne trennt uns von der Gratkante, wir bleiben allerdings rechts von ihr und klettern an griffigem Fels (wiederum II) gerade empor zum Gipfel der Mittelspitze (2713 m).

Abstieg: Am gesicherten Watzmanngrat nach Norden zum Hocheck (2651 m) und leichter hinab zum Watzmannhaus (→Tour 33 in umgekehrter Richtung). Weiter in Kehren zur Falzalm hinunter, wo wir rechts abzweigen und mit Weg 442 über eine gesicherte Geländestufe in das schütter bewaldete Gebiet unterhalb des Watzmannkars absteigen. Nach längerer Querung Richtung Kühroint durchs Schapbachtal zurück nach Hammerstiel. Alternativ auch über die Mitterkaser- und Stubenalm zur Schapbach-Holzstube (Wege 441 und 444).

Tipp

Auch wer keine Kletterambitionen hegt, sollte um das Watzmannkar keinesfalls einen Bogen machen. Dort lockt nämlich noch das **Dritte Watzmannkind (2165 m)**, das sich leicht besteigen lässt. Zur Skitourenzeit ein beliebtes Ziel, geht es an diesem wie ein Schiffsbug herausgeschobenen Gipfel im Sommer verhältnismäßig ruhig zu. Ein markierter Steig fehlt, doch deutliche Begehungsspuren leiten im Kar aufwärts, wobei man zum Ende wahlweise ganz links unter dem Ersten und Zweiten Kind oder hart an den Wänden der Watzmann-Jungfrau vorbeigeht und über die markante, schräge Gipfelplatte »auf Reibung« das kleine Kreuz erreicht. Der Blick auf den Königssee, in die gewaltige Flucht der Watzmann-Ostwand, durchs Kar hinaus nach Berchtesgaden und zum Untersberg ... – der Autor würde nicht zögern, das Dritte Watzmannkind unter den schönsten Aussichtspunkten des Berchtesgadener Landes an die Spitze zu setzen. Eckdaten: knapp 2 ½ Std. bei 750 Hm ab Kühroint; Bewertung W3.

35 Rinnkendlsteig und Kleiner Watzmann

Abwechslungsreiche Tour auf die Frau des Watzmann

F4–5, WK3

9 ½ Std.

↑↓ 1740 Hm

Charakter: Der Rinnkendlsteig ist ein steil angelegter, abschnittsweise mit Drahtseilen und Treppen ausgestatteter Bergsteig, der unbedingt Trittsicherheit verlangt. Anstrengend, da sehr der Sonne ausgesetzt. Am Kleinen Watzmann sind erfahrene Alpinisten gefragt, die sich auch ohne ausgeprägten Steig zurechtfinden und die eine oder andere Stelle im ungesicherten Fels (I bis II) überlisten können. Trittspuren und spärliche gelbe Punkte erleichtern die Routenfindung am Nordostgrat, dennoch insgesamt recht anspruchsvoll.
Bewertung: Für den Rinnkendlsteig WK3, Gipfeltour zum Kleinen Watzmann F4–5, Talabstieg W1.

Ausgangspunkt: St. Bartholomä (605 m), Anlegestelle der Königssee-Schifffahrt.
Endpunkt: Dorf Königssee (608 m).
Höchster Punkt: Kleiner Watzmann (2307 m).
Hütten: Kührointhütte (1420 m), privat, Anfang Juni–Anfang Oktober, Tel. (D)-08652/73 39 oder 0171/353 33 69.
Gehzeiten: St. Bartholomä – Kühroint 2 ¾ Std. – Kl. Watzmann 3 Std. – Kühroint 2 Std. – Dorf Königssee 1 ¾ Std.; insgesamt 9 ½ Std. (evtl. 2 Tage).
Aufstiegsmeter: St. Bartholomä – Kühroint 850 Hm – Kl. Watzmann 890 Hm.
Skizze: Siehe Seite 111.

Wer das Watzmann-Ambiente mal richtig auf sich wirken lassen möchte, ohne den großen Rummel zu erleben – und das gleichwohl bei reizvollen bergsteigerischen Perspektiven –, dem sei der Kleine Watzmann (im Volksmund auch »Watzfrau« genannt) empfohlen. Da gibt's außer zahlreichen Kletterführen in der Westwand einen interessanten Normalanstieg mit Stellen im I. und II. Schwierigkeitsgrad, zwar nicht in allerhöchste Höhen, aber durchaus alpin angehaucht. Die Blicke auf den Großen und die fünf Kinder sind genauso beeindruckend wie jene über den Königssee zum Hagengebirge und Steinernen Meer oder hinaus

Der Kleine Watzmann mit dem Nordostgrat links

35

ins malerische Berchtesgadener Land. Besonders attraktiv ist der Zustieg über den teilweise gesicherten Rinnkendlsteig, der sich in der Steilflanke über dem fjordartigen Königssee immer höher schraubt und bei der grandiosen Archenkanzel (einer der klassischen Königssee-Logen) seinen Ausstieg findet. Alle, die sich anschließend den nicht ganz einfachen Gipfelsturm nicht zutrauen, können von der nahen Kührointalm den Talabstieg antreten und haben damit ebenfalls eine schöne Wanderung absolviert.

Rinnkendlsteig: Von St. Bartholomä folgt man dem Königssee-Ufer Richtung Norden. Nach ca. 1 km verschwindet der Weg (Markierung 443) im Mischwald, wo er allmählich bergauf zieht. Zwischendrin ergeben sich prächtige Blicke auf den See – mehr davon dann im oberen Teil. Dort wird es streckenweise ausgesetzt, wobei das Gelände mitunter durch Holzstiegen gangbar gemacht und mit Drahtseilen abgesichert wurde. Unter dem Mooslahnerkopf wird eine Querung vollzogen, ehe es durch einen auffälligen Einschnitt, das so genannte Rinnkendl, auf das bewaldete Plateau hinausgeht. Der kurze Abstecher zur Archenkanzel (1346 m) ist quasi ein Muss, erhascht man dort doch einen der schönsten Blicke auf die ganze Königssee-Umrahmung. Von der Archenkanzel führt ein kurzer Übergang zur Kührointalm (1420 m), wo man auch nächtigen kann.

Zum Kleinen Watzmann: Kurz dem Weg Richtung Watzmannhaus folgen, dann über eine steile Wiesenschneise auf den bewaldeten Bergrücken oberhalb. Ein recht deutlicher Pfad leitet über den Kederbichl und durch etwas unangenehme Latschengassen zum Nordostgrat hinauf. Dieser wird bald felsiger und verjüngt sich zur Schlüsselstelle (»Gendarm«, II) auf ca. 1800 m. Man sollte sich nun stets an den verblassten, gelben Punkten orientieren. Vorerst bleibt man noch im Bereich des Grates, meist ein Stück links der Kante. Wo sich das Gelände aufsteilt, weiter links ausweichend und über einige Felsstufen und Rinnen zu den geneigten Platten, die zum Gipfel (2307 m) emporleiten.

Abstieg: Zunächst auf gleicher Route zurück nach Kühroint. Kurz auf der Forststraße, halten wir uns anschließend in das ausgedehnte Waldgelände auf der Nordostseite und kehren über Weg 443, vorbei an der Klingeralm sowie der Bob- und Rodelbahn, nach Dorf Königssee zurück.

Hochkalter

Für manche Bergsteiger ist der Hochkalter der heimliche Liebling der Berchtesgadener Alpen, noch vor dem Watzmann. Das mag damit zusammenhängen, dass es hier insgesamt ruhiger und urtümlicher zugeht. Eine Tour auf den Hochkalter ist eine zünftige Sache, und zwar ganz ohne eisenhaltige Zusätze. Seine Trabanten werden, von der Schärtenspitze und dem Kammerlinghorn einmal abgesehen, noch wesentlich seltener, teils sogar so gut wie nie besucht. Schroff und widerspenstig zeigt sich das Gelände allenthalben, fehlen hier doch ausgedehnte, wanderfreundliche Hochflächen, wie sie bei den meisten anderen Bergstöcken der Umgebung auftreten. Wenn in diesem Kapitel vom Hochkalter die Rede ist, so ist damit eigentlich die umfangreichere Hochkalter-Hocheis-

Auf der Schärtenspitze mit Blick zum Hochkalter

Gruppe gemeint, die sich vom Ramsauer Tal im Norden bis gegen das Saalachtal im Süden erstreckt und seitwärts vom Klausbach- und Wimbachtal begrenzt wird. Das Hauptinteresse konzentriert sich freilich auf die Berge rund ums Blaueis im nördlichen Teil, wo mit der Blaueishütte auch der einzige echte Stützpunkt positioniert ist. Steinberg, Schärtenspitze, Blaueisspitze, Hochkalter und Rotpalfen formieren einen Karkessel par excellence, der im obersten Teil noch immer vom nördlichsten Alpengletscher geschmückt wird. Wer den Hochkalter besteigen möchte, meidet aber besser das Eis und folgt der landschaftlich reizvollen Route über den Nordgrat. Mit dem Abstieg durchs Ofental ergibt sich eine mustergültige Überschreitung des Berges. Etwas leichter sind dagegen Schärtenspitze und Steinberg zu haben, auch sie bieten die Möglichkeit für spannende Überschreitungen.

In einer prägnanten Staffelung setzen sich vom Hochkalter die schroffen Kämme nach Südwesten über das Ofental- und Steintalhörnl zur Hocheisspitze fort. Während die Flanken über dem Wimbachtal nahezu nie betreten werden, können erfahrene Bergsteiger von der Nordwestseite auf weglosen Routen bis in die Gipfelregion vorstoßen. Beispielhaft werden in diesem Führer das Steintalhörnl und die Hocheisspitze beschrieben. Letztere ist mit dem beliebten Wandergipfel des Kammerlinghorns durch einen zerklüfteten Grat verbunden, der für den Normalbergsteiger höchste Ansprüche stellt.

Auf österreichischer Seite sollen schließlich noch der isoliert in grünen Almgefilden stehende Hochkranz und die Gruppe des Seehorns erwähnt werden. Letztere hat besonders schöne Kombinationsmöglichkeiten aufzuweisen, wobei sich an den Palfelhörnern eine abschreckend zerklüftete Ramsaudolomit-Landschaft in Reinkultur begutachten lässt. Ihrer immensen Brüchigkeit verdankt das schutterfüllte Wimbachtal seinen einzigartigen Charakter.

36 Steinberg und Schärtenspitze

Die Wandergipfel im Hochkalter-Massiv

W3

9 Std.

↑↓1870 Hm

Charakter: Kombination zweier aussichtsreicher Gipfel, die auch für den geübten Bergwanderer geeignet sind. Steile Schrofen und einige versicherte Felsstellen verlangen einen sicheren Tritt, in manchen Abschnitten auch etwas Orientierungssinn (Aufstieg zum Steinberg kein ausgewiesener Wanderweg). Als Zweitagestour konditionell moderat, sonst ziemlich happig.
Bewertung: Für die meisten Teilstrecken etwa W3, eine Spur schwieriger nur im Bereich der Eisbodenscharte (WK3–4).
Ausgangspunkt: Ramsau (670 m), Parkplatz an der Pfeifenmacherbrücke; Busverbindung von Berchtesgaden.
Höchster Punkt: Schärtenspitze (2153 m) bzw. Steinberg (2065 m).
Hütten: Blaueishütte (1680 m), DAV, Mitte Mai–Mitte Oktober, Tel. (D)-08657/271.
Gehzeiten: Ramsau – Steinberg 3 1/2 Std. – Blaueishütte 3/4 Std. – Schärtenspitze 1 1/2 Std. – Hochalm 1 1/2 Std. – Ramsau 1 3/4 Std.; insgesamt 9 Std. (evtl. verteilt auf 2 Tage).
Aufstiegsmeter: Ramsau – Steinberg 1400 Hm – Blaueishütte – Schärtenspitze 470 Hm.
Skizze: Siehe Seite 120.

Für reine Bergwanderer – muss man ehrlicherweise sagen – bieten die Berge der Hochkaltergruppe relativ geringen Spielraum. Wer aber solide Trittsicherheit sein Eigen nennen darf, kann sich zumindest an zwei von ihnen versuchen. Es sind die Schärtenspitze und der weniger bekannte Steinberg, beide im östlichen der zwei Gratäste, die das Blaueiskar einrahmen. Das typische Schrofengelände mag vielleicht nichts Außergewöhnliches bereithalten, die Aussicht dafür umso mehr – sei es über das malerische Tal der Ramsau oder zu den gewaltigen Nachbarn gleich vis-à-vis. Am beeindruckendsten wirkt natürlich der Hochkalter mit seinen Graten und Wänden über dem steilen Blaueis. Sowohl Schärtenspitze als auch Steinberg können von der Blaueishütte auf passablen Steigen bestiegen werden; es gibt jedoch an beiden auch noch eine verlockende Alternative. Und denkt man sich alles zusammen, so kommt man unweigerlich auf die Idee einer spannenden Aneinanderreihung beider Gipfel, die im Folgenden vorgestellt werden soll.

Aufstieg zum Steinberg: Von Ramsau nehmen wir den Weg 485 Richtung Blaueishütte, der kurz unter der Schärtenalm in den Weg vom Parkplatz Seeklause mündet. Unmittelbar bei der Schärtenalm (1362 m) zweigt scharf links der hin und wieder mit blassen

36

roten Punkten bezeichnete Direktaufstieg zum Steinberg ab (kein Schild, aber deutliche Spur). Vorerst steigt man noch eine Stunde im Zickzack durch Wald auf, gelangt dann zu einer schönen Kanzel, wo sich erstmals der Blick auf den Watzmann und in den Berchtesgadener Talkessel auftut. Durch ein paar Latschen auf den schrofigen Gipfelhang links des Nordwestgrates und ohne besondere Hürden zum kleinen Kreuz auf dem Steinberg (2065 m).

Abstieg: Eine längere Abwärtstraverse über Schrofen, Schutt und Platten leitet bis unter den nördlichen Felsfuß der Schärtenspitze, wo die Route scharf rechts abknickt und zur Blaueishütte hinabführt. Wer die Schärtenspitze gleich anhängen möchte, kann sich 100 Hm Höhenverlust sparen und auf Trittspuren im Schutt um den Sockel herumqueren, um anschließend im Kar die markierte Normalroute zu erreichen.

Die Schärtenspitze im Abendlicht

Aufstieg zur Schärtenspitze: Von der Blaueishütte kareinwärts, bei der Weggabelung links und auf schutthaltigem Steig an die steilere, schrofige Westflanke heran. Dort im Bereich einer Rinne – auch über einzelne Felsstufen hinweg (teils gesichert) – bis auf den Grat und zuletzt nach links zum Gipfel der Schärtenspitze (2153 m).

Abstieg: Ein kurzes Stück zurück, dann aber am nach Süden führenden Grat bleiben, der insgesamt nur wenig abwärts bis zur Eisbodenscharte (2049 m) zieht. Hier links in die steile, brüchige Rinne einsteigen (wie am Grat einige Drahtseile). An ihrem Auslauf links haltend zunächst noch über Schutt, dann von den Felswänden abrückend und zu Karrenfeldern hinab. Wer möchte, kann rechts zur Hochalmscharte abzweigen (Traverse schlecht bezeichnet), um von dort per Steilabstieg ins Wimbachtal zu gelangen: interessant, aber länger. Sonst weiter über die Hochalm (1500 m) zur Eckaualm, wo man auf einen Fahrweg trifft, der zurück zur Pfeifenmacherbrücke in der Ramsau leitet (Route 486).

37 Hochkalter-Überschreitung

Von der Blaueishütte ins Ofental

F5

9 ¾ Std.

↑↓ 1880 Hm

Charakter: Anspruchsvolle Felsroute mit Passagen bis zum II. Grad, die frei (also ohne Drahtseilhilfe) zu klettern sind. Dank der Markierung gut zu finden. Der Abstieg durchs Ofental ist technisch zwar eine Spur leichter (I), aber ziemlich rau und zudem sehr lang. Es ist der »komplette« Bergsteiger mit absoluter Trittsicherheit und Schwindelfreiheit, etwas Kletterkönnen und guter Kondition gefordert.
Bewertung: F5 für den Nordanstieg zum Hochkalter, F4 für die Ofentalroute.

Ausgangspunkt: Parkplatz Seeklause (789 m) nahe des Hintersees; Busverbindung von Berchtesgaden – Ramsau.
Höchster Punkt: Hochkalter (2607 m).
Hütten: Blaueishütte (1680 m), DAV, Mitte Mai–Mitte Oktober, Tel. (D)-08657/271.
Gehzeiten: Hintersee – Blaueishütte 2 ½ Std. – Hochkalter 3 ½ Std. – Ofental – Hintersee 3 ¾ Std.; insgesamt 9 ¾ Std. (evtl. 2 Tage).
Aufstiegsmeter: Hintersee – Blaueishütte 900 Hm – Hochkalter 980 Hm.

Im Gefolge von »König Watzmann« steht der Hochkalter zweifellos an erster Stelle. Auch dieses Massiv zeigt Richtung Norden mit dem Blaueis ein fotogenes, hochalpines Antlitz und stellt für gestandene Alpinisten eine große Verlockung dar. Doch den früher oft propagierten Aufstieg über eben dieses Blaueis sollten wir uns eher verkneifen. Die einzige Eistour in den Berchtesgadenern ist gefährlich und allenfalls im Frühsommer für gute Allround-Bergsteiger eventuell noch vertretbar. Ohnehin wird sie vermutlich bald Geschichte sein und jedwede Beschreibung damit überholt. Aber warum sich einer solch heiklen Angelegenheit widmen, wenn es nebenan eine viel span-

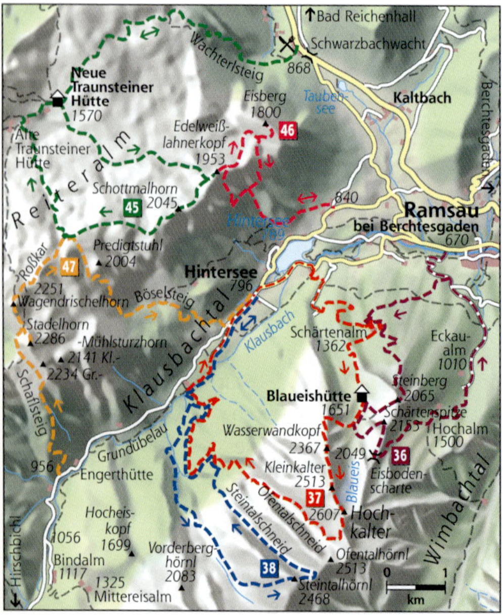

Fernblick vom Hochkalter bis zum Großvenediger

nendere Gratroute gibt? Der Aufstieg über den Schönen Fleck, Rotpalfen und Kleinkalter ist wirklich ein Highlight! Stufe um Stufe steigt man am Grat höher, genießt Kraxelei und Felsszenerie ringsum sowie die weiten Ausblicke hinaus ins Alpenvorland und zum Alpenhauptkamm. Die technisch einfachste Hochkalter-Besteigung führt indessen durchs Ofental und die Südflanke; sie ist aber im Bergauf ausgesprochen mühsam und mit ihrem reichlichen Geröll eher prädestiniert für den Abstieg. Das ergibt zusammen eine vortreffliche Überschreitung und falls Sie die persönliche Meinung des Verfassers hören wollen: eine Idealtour!

Aufstieg: Vom Parkplatz Seeklause führt der gut ausgebaute Weg 482 in weit ausholenden Kehren zur Schärtenalm (1362 m) hinauf; vorher Einmündung des Weges von Ramsau. Auf eine Querung nach rechts folgt der weitere Aufstieg hart an der vom Steinberg herabziehenden Felsrippe entlang bis zur an der Karschwelle gelegenen Blaueishütte (1680 m). Gewaltig erscheint die Blaueisumrahmung! Nun an großen Bergsturztrümmern vorbei ins Blaueiskar hinein, bei der Verzweigung rechts (links geht's zur Schärtenspitze, →Tour 36) und an den Fuß einer steilen Geröllreiße. Diese wird im Zickzack mühsam erstiegen. Weiter oben geht sie in einen Plattenschuss (II-) über, der zum Grat hinaufleitet und erstmals den Einsatz der Hände erfordert. Hier, am so genannten Schönen Fleck (ca. 2050 m), wird der Blick nach Westen frei. Nun

37

südwärts am felsigen Grat hinauf. Durch einen rinnenartigen Durchschlupf gelangt man zur Schlüsselstelle, einer kompakten Wandstufe (II, fest, aber recht glatt poliert). Danach wieder leichter über schrofigen Fels kraxelnd und rechts um den Gipfel des Rotpalfen (auch Wasserwandkopf, 2367 m) herum, der wesentlich lohnender auch direkt überschritten werden kann. Am Grat weiter, höchstens vorübergehend einige Meter in die Westflanke ausweichend, und über weitere kurze Kletterstellen zum Kleinkalter (2513 m). Durch die Kleinkalterscharte zum nächsten Grataufschwung, der uns auf den Vorgipfel bringt, und durch eine letzte Einschartung zum höchsten Punkt des Hochkalters (2607 m).

Gewaltige Felsimpressionen zwischen »Schönem Fleck« und Rotpalfen

Abstieg: Eine steile, gestufte Rinne leitet den Abstieg ins Ofental ein. Die Rinne zieht weiter hinab, man darf allerdings die Querung auf einem bandartigen Absatz nach links nicht verpassen. In absteigender Traverse gelangt man zu einer Gratscharte, wo jenseits ein markanter Plattenschuss gegen das Wimbachtal abbricht. Auf unserer Seite setzt eine weitere Rinne ein, der wir abwärts folgen. Nach einer erneuten Querung nach links erreicht man über letzte Felsstufen die Geröllfelder im obersten Ofental. Über diese leiten Steigspuren bergab, wobei man sich zunächst auf der rechten Seite des schmalen Karschlauchs hält. Später erreicht der Pfad eine Karschwelle mit erstem Grün und führt allmählich in den Bergwald. Als guter Steig kommt er schließlich nach weit ausholenden Schleifen bei der Lahnwaldbrücke in der Grundübelau (Klausbachtal) an. Von dort geht es flach talauswärts nach Hintersee (794 m), wobei man zum Parkplatz Seeklause noch ein Stück entlang der Straße gehen muss.

Steintalhörnl

38

Einsame Überschreitung vom Sittersbach- ins Steintal

Charakter: Aufgrund kniffliger Orientierung recht anspruchsvolle Bergtour auf verschlungenen Pfaden im unteren und meist weglos im oberen Bereich. Keine Markierungen und nur vereinzelt Steindauben. Am Normalanstieg aus dem Sittersbachtal Stellen I, beim Abstieg ins Steintal eher schon II und kurzzeitig deutlich ausgesetzter. Entsprechende Bergerfahrung unerlässlich, zudem Ausdauer, da ohne Stützpunkt. Nur bei guter Sicht und mit detaillierter Karte losziehen.
Bewertung: WF4 für die Normalroute aus dem Sittersbachtal, WF5 (wegen der Kletterei) via Steintal.
Ausgangspunkt: Hintersee (794 m), Parkplatz am Eingang ins Klausbachtal; Busverbindung von Berchtesgaden – Ramsau.
Höchster Punkt: Steintalhörnl (2468 m).
Hütten: Keine.
Gehzeiten: Hintersee – Sittersbachtal – Steintalhörnl 5 Std. – Steintal – Hintersee 3 ½ Std.; insgesamt 8 ½ Std.
Aufstiegsmeter: Hintersee – Steintalhörnl 1680 Hm.
Skizze: Siehe Seite 120.

WF5

8 ½ Std.

↑↓ 1680 Hm

Der mächtige Gratkamm zwischen Hochkalter und Hocheisspitze wirft eine Reihe zumeist schroffer Felsgipfel auf, die eher selten Besuch erhalten. Die Südostseiten über dem tief eingeschnittenen Wimbachtal bieten nur scheußliches Bröselgelände, während nordwestseitig einige schmale, parallel gerichtete Hochtälchen immerhin den Zugang zu den Gipfelaufbauten erleichtern. Wege gibt es dort allerdings kaum, allenfalls spärliche Pfadspuren, die sich oberhalb der Baumgrenze oft verlieren. Hier ist der Berggeher alter Schule gefragt, der ruppiges Gelände gewohnt ist und vor allem die etwas knifflige Orientierung beherrscht. Als Musterbeispiel ist in diesem Kapitel das Steintalhörnl als einer der interessantesten Hochkalter-Vasallen beschrieben. Es entsendet nach Nordwesten die scharfe Steintalschneid, die wiederum das Sittersbach- vom Steintal scheidet. Mit nur wenig Kraxelei an den Gipfelfelsen verläuft durch Ersteres der günstigste Anstieg. Wer noch eins draufsetzen und die Tour zu einer Überschreitung ausdehnen möchte, kann durchs benachbarte Steintal absteigen, wobei am Ostnordostgrat allerdings einige luftige Passagen zu klettern sind und sich diese Route insgesamt noch deutlich rauer zeigt. Auf seine Weise faszinierend ist das allemal, denn eine kalkalpine Urlandschaft in Reinkultur zu erleben, in der man wesentlich häufiger auf

Tipp

Aus der Einsattelung über dem Steintal ließe sich noch der Südwestgipfel des **Ofentalhörnls (2513 m)** mitnehmen (I. Grad, etwas brüchig).

Blick über das Sittersbachtal zum Hinterberghorn

Gämsen als auf andere Bergsteiger trifft, ist doch stets ein spannendes Unterfangen. Als Kulisse beeindrucken vor allem die »Ramsauer Dolomiten« gegenüber.

Aufstieg: Zunächst auf dem Wanderweg eben ins Klausbachtal hinein. Nach rund 20 Min. zweigt bei der Lahnwaldbrücke der Aufstieg zum Hochkalter ab. Wir folgen diesem aber nur wenige Schritte und nehmen dann den nach rechts abgehenden Ziehweg. In gemäßigter Steigung weiter, bis der Sittersbach passiert ist und wiederum links ein steilerer Weg zur Sittersbach-Holzstube abzweigt. Dort rechts haltend auf einen schmalen Pfad, der rechts von einer bewachsenen Felsrippe begrenzt wird. Nach einer Weile wird der Forstbegangsteig gekreuzt, dem wir wenige Meter nach links über eine Brücke folgen, dann aber gleich wieder nach rechts verlassen. Besonders dieser letzte Abzweig ist leicht zu übersehen, zumal auf der ganzen Strecke keinerlei Wegschilder und nur selten Steinmandln aufgestellt sind. Links des Bachbetts müssen wir uns nun durch einen Windbruch schlagen, was einige Zweifel mit sich bringt, stoßen nachher aber (hoffentlich) wieder auf die deutlichere Fortsetzung des verschlungenen Pfades. In Windungen geht es durch karrengespickte Latschenfelder über die Geländeschwelle hinweg ins Sittersbachtal. Dieses weitet sich zu einem lieblich begrünten Hochtal, in dem sich die Steigspuren aber allmählich verlieren.

38

Wir halten uns im linken Teil, steigen jedoch längst nicht bis zur Sittersbachscharte an, sondern richten unser Augenmerk auf die schrofig begrünte Südwestflanke des Steintalhörnls. Die Linienführung ist hier nicht exakt vorgegeben, das Gelände aber – wenn auch mühsam – fast überall gangbar. Idealerweise peilen wir im Schrägaufstieg den Gipfel so direkt wie möglich an, zuletzt mit leichter Kletterei (I) über die obersten Felsen der Steintalschneid.

Abstieg: Obwohl etwas schwieriger, wird die Route durchs Steintal hier für den Abstieg empfohlen, da sie wegen des vielen Gerölls im Bergauf sehr beschwerlich wäre. Wir folgen den schroffen Felsen des nach Ostnordost ziehenden Grates, der fälschlicherweise auch als Nordgrat bezeichnet wird. Dabei ist über mehrere Schichtstufen zum Teil ziemlich ausgesetzt abzuklettern; an einer Passage helfen alte Eisenstifte. Umgehungen der Kante sind meist nicht sinnvoll. Man erreicht die flache Gratsenke zwischen Steintal- und Ofentalhörnl und steigt am besten rechts ausholend über einen Steilhang ins oberste Steintal ab. In dem vollkommen geröllgefüllten Hochtal finden sich auf der linken Seite Spuren, die wir fürs Bergab nutzen können, bis sie sich wieder verlieren. Auf ca. 1900 m überschreiten wir eine markante Karschwelle. Bald darauf setzt die Vegetationszone ein und eine Pfadspur kommt in Sicht. Um nicht im undurchdringlichen Latschendickicht zu landen, sollten wir diese aufmerksam verfolgen. Aus der Mitte des Kars zieht sie mehr nach rechts und mündet weiter unten in den Forstbegangsteig (Pfeil für diesen). Hier rechts, bis man auf den breiten Ofentalweg trifft, über den es in weit ausholenden Kehren zurück zur Lahnwaldbrücke im Klausbachtal geht.

Beim Abstieg ins Steintal bildet der Gipfelgrat die Schlüsselpassage

39 Kammerlinghorn

Der »wanderbare« Aussichtsgipfel über dem Hirschbichl

W3

6 ¼ Std.

1340-1510 Hm

Charakter: Markierter, aber meist spärlicher Bergpfad wechselnder Steilheit; Trittsicherheit und solide Kondition vonnöten, jedoch ohne Kletterei. Der Gratübergang zur Hocheisspitze weist anhaltende Felsschwierigkeiten im II. bis III. Grad auf und ist geübten Bergsteigern mit Klettererfahrung vorbehalten (Seilgebrauch empfehlenswert).
Bewertung: W3.
Ausgangspunkt: Hirschbichl (1148 m), erreichbar mit dem Wanderbus sowohl von Hintersee als auch von Weißbach im Saalachtal; Zufahrt mit Kfz nur bis Hintertal (979 m).
Höchster Punkt: Kammerlinghorn (2484 m).
Hütten: Bergheim Hirschbichl (1148 m), privat, Mai–Mitte Oktober, Tel. (A)-06582/83 47.
Gehzeiten: Hirschbichl – Karlboden 2 Std. – Kammerlinghorn 1 ¾ Std. – Mittereisalm – Bindalm/Hirschbichl 2 ½ Std.; insgesamt 6 ¼ Std.
Aufstiegsmeter: Hirschbichl – Kammerlinghorn 1340 Hm (von Hintertal 170 Hm mehr).
Skizze: Siehe Seite 129.

Tipp

Für Liebhaber rassiger Gratklettereien dürfte der Übergang vom Kammerlinghorn zur Hocheisspitze von großem Reiz sein. Man steigt am Grat abwärts, bis ein senkrechter Aufschwung den Weiterweg sperrt. Auf luftigen Gesimsen in die Nordflanke ausweichen und durch eine Art schrägen Riss zum Grat zurück. Der teilweise sehr scharfen Schneide folgend zu einer rauen Platte, die auf das **Hochkammerlinghorn** (2506 m) leitet. Jenseits über den in steilen Stufen abfallenden Grat abklettern, ehe dem folgenden Stück einige Meter in der geröllbedeckten Südflanke ausgewichen wird. Die Querung endet oberhalb einer engen Scharte. An dem rund 3 m messenden senkrechten und trittarmen Abbruch hängt ein – allerdings zu kurzes – Seilstück: entweder abseilen oder abklettern (III). Aus der Scharte sofort wieder an steilem, kompaktem Fels aufwärts und zum Hocheiskopf. Anschließend in mehrfachem Auf und Ab über diverse Gratzacken und Einschartungen, zum Teil in die Südflanke ausweichend, bis der Grat zuletzt zum Gipfel der **Hocheisspitze (2523 m)** ansteigt. Rund 2 Std. stark fordernde Kletterzeit; Bewertung F6! Abstieg siehe Tour 40.

Das Kammerlinghorn wird als exzellenter Aussichtspunkt gerühmt, schweifen die Blicke doch vor allem nach Süden und Westen weit und ungehindert über die Bergwelt des Pinzgaus. Im Norden beeindrucken die »Ramsauer Dolomiten« der Reiteralm, während die unmittelbare Nachbarschaft von den einsamen Fels- und Karlandschaften der Hocheisgruppe geprägt wird. Obwohl das Kammerlinghorn durchaus wilde Seiten besitzt (etwa die Abbrüche zum Alpelboden oder ins Hintereis), stellen sich während des Aufstiegs über den breiten Westrücken keine nennenswerten Schwierigkeiten in den Weg. Doch nur der Ausdauernde wird leichtfüßig bergauf traben und sich in fast 2500 m Höhe zu einer genussvollen Rast niedersetzen. Zum Glück kann wenigstens der »ewige Talhatscher« vom Hintersee durch eine Busfahrt ersetzt

39

werden (zu Fuß 2 Std. zusätzlich; von Österreich Anfahrt bis Hintertal gestattet). Am Kammerlinghorn endet dann definitiv die Wanderzone. Wer den Übergang zur etwas höheren Hocheisspitze, dem Hauptgipfel der Untergruppe, meistern will, muss Kletterstellen bis zum III. Grad beherrschen, womit die Grenze des Normalbergsteigens fast schon überschritten wäre. Ein luftig-verwegenes Gratabenteuer wartet hier also auf versierte Felsgeher (siehe Tipp).

Aufstieg: Vom Hirschbichl ein Stück auf der Fahrstraße über den Pass in Richtung Weißbach, bis links bei einer Bushaltestelle der Wirtschaftsweg zur Kammerlingalm (1293 m) abzweigt. Bei den ersten Almhütten wenden wir uns links dem dürftigen Wiesenpfad zu, der ziemlich direkt an den Berghängen emporleitet. Aus dem freien Almgelände in lichten Wald, dann im Bereich einer Schneise kehrenreich bergauf, bis man am Karlboden (1815 m) den Kammrücken erreicht. Kurz darauf mündet von links eine etwas angenehmere Variante von der Bindalm über die Mittereisalm (1325 m) und das Steilstück bei der Mooswand ein. Gemeinsam wird nun ostwärts über den breiten gras- und latschenbewachsenen Kamm aufgestiegen. Nach einer etwas steileren Passage ist der Karlkogel (auch Karlkopf, 2195 m) gewonnen, ehe es über den einförmig schrofigen Gipfelhang weiter bis zum Kammerlinghorn (2484 m) hinaufgeht.

Abstieg: Für Bergwanderer auf der Anstiegsroute. Am Karlboden kann man überlegen, ob man die Variante über die Mittereisalm ausprobieren möchte (empfehlenswert).

Gipfelankunft auf dem Kammerlinghorn; dahinter Hochkranz und Leoganger Steinberge

40 Hocheisspitze

Ein widerspenstiger, abgelegener Brocken

FW4

6 ½ Std.

↑↓ 1470 Hm

Charakter: Technisch nicht besonders schwierige, aber wegen des widerspenstigen Gerölls sehr mühsame, weglose Gipfeltour mit kurzen Stellen I. Kaum noch als Wandergelände anzusprechen und nur für erfahrene Berggeher mit gediegener Trittsicherheit und Durchhaltevermögen geeignet.
Bewertung: FW4.
Ausgangspunkt: Haltestelle Bindalm (1056 m) des Hirschbichl-Wanderbusses; Straße für Privat-KfZ gesperrt.
Höchster Punkt: Hocheisspitze (2523 m).
Hütten: Bergheim Hirschbichl (1148 m), privat, Mai–Mitte Oktober, Tel. (A)-06582/83 47.
Gehzeiten: Bindalm – Hocheis-Jagdhütte 1 ½ Std. – Hocheisspitze 2 ½ Std. – Bindalm 2 ½ Std.; insgesamt 6 ½ Std.
Aufstiegsmeter: Bindalm – Hocheisspitze 1470 Hm.
Skizze: Siehe Seite 129.

Als Skitour besitzt die Hocheisspitze einen guten Ruf, im Sommer offenbart sie hingegen ziemlich beschwerliches Kargelände, das eher gemieden wird. Den landschaftlichen Reizen tut dies freilich keinen Abbruch – im Gegenteil: Wer sich für ein bisschen Schinderei nicht zu schade ist, wird hier Eindrücke nach Hause tragen, wie man sie auf vielen Modetouren nur noch selten finden kann. Einsamkeit ist praktisch garantiert und die Gipfelausblicke sind ohnehin vom Feinsten.

Aufstieg: Von der Bindalm zunächst auf breitem Wirtschaftsweg in Richtung Mittereisalm aufwärts. Wenige Schritte vor der großen Lichtung zweigt links ein guter, aber nicht markierter Jagdsteig ab. Er führt zur Hocheis-Jagdhütte. Dort dem rechten Steig folgend weiterhin recht bequem durch lichte Lärchen- und Latschenbestände Richtung Hintereiskar hinauf. Bald über steindurchsetzte Rasenpolster zu einer Karschwelle, hinter der linker Hand eine Geröllspur zu einem letzten begrünten Hang hinüberleitet. Anschließend geht's endgültig ins beschwerliche Schuttterrain, den Gipfel hoch oben als Talabschluss im Visier. Man hält sich an Steigspuren, die an einen felsdurchsetzten Riegel heranführen. Auch wenn dieser schwieriger aussieht als der Steilschutt links davon, sollte man den Vorteil der gegliederten Schrofen nutzen. Nach Augenmaß im Hin und Her aufwärts (ab und zu steht ein Steinmandl) und oberhalb erneut in unerquickliches Geröll. Steil bis in die Gratscharte rechts des Gipfels, der über leichte Felsen in Kürze gewonnen ist.

Abstieg: Auf der gleichen Route.

Seehorn

41

Zwischen Hochkaltergruppe und Steinernem Meer

W3

5 ½ Std.

↑↓ 1020 Hm

Charakter: Oft nur kleine Bergwege, die aber im Wesentlichen durch unschwieriges Gelände führen und mit der obligatorischen Trittsicherheit begangen werden können. Durchschnittliches Tagespensum, falls der Zubringerdienst in Anspruch genommen wird, sonst erhöht sich die Gesamtgehzeit um 2 ½ Std.
Bewertung: Maximal W3.
Ausgangspunkt: Kallbrunnalm (ca. 1460 m), erreichbar per Kleinbus von Weißbach im Saalachtal (nähere Infos beim Gasthaus Lohfeyer, Tel. (A)-06582/83 55, www.gasthaus-lohfeyer.at). Sonst Pürzlbach (1080 m); Bergstraße von Weißbach.
Höchster Punkt: Seehorn (2321 m).
Hütten: Keine am Weg; Jausenstation auf der Kallbrunnalm.
Gehzeiten: Kallbrunnalm – Seehorn 2 ½ Std. – Hochwies – Kallbrunnalm 3 Std.; insgesamt 5 ½ Std.
Aufstiegsmeter: Kallbrunnalm – Seehorn 860 Hm – Hochwies – Kallbrunnalm 160 Hm.

Wann immer der Name »Seehorn« fällt, wird dessen großartige Aussicht gerühmt. Watzmann und Hochkaltergruppe zeigen sich hier von den unbekannteren Südseiten, am markantesten aber sticht der Große Hundstod ins Auge, der dem Seehorn sein schnittiges Westprofil zuwendet. Loferer und Leoganger Steinberge sowie in der Ferne die schneebedeckten Hohen Tauern runden das Panorama ab. Um die Tour aufs Seehorn gebührend zu würdigen, müssen aber noch andere Facetten erwähnt werden: Da sind zunächst einmal die zahlreichen, verstreut liegenden Kaser der Kallbrunnalm zu nennen, die mit ihrer traditionellen Bauweise

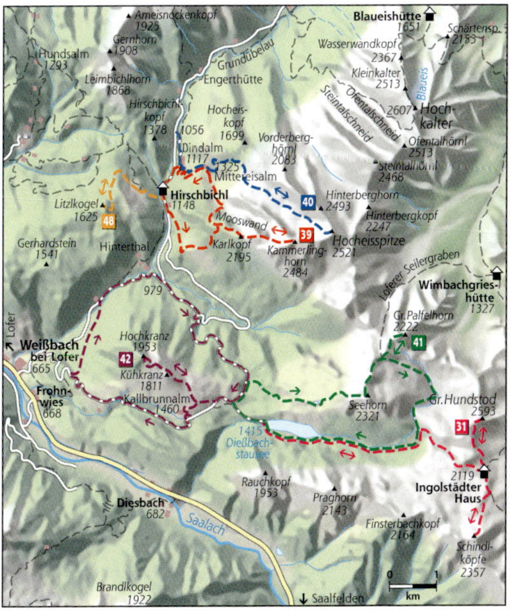

41

(schindelgedeckte, steinbeschwerte Dächer) ein sehr malerisches Bild abgeben. Im Frühsommer ist die größte Alm der Berchtesgadener Alpen, die aufgrund der Saalforstverträge von Pinzgauer und Ramsauer Bauern gemeinsam genutzt wird, das reinste Blumenparadies. Ein Kleinod ist der versteckte Seehornsee auf halbem Weg zum Gipfel und zu den bezauberndsten Fleckchen weit und breit zählt außerdem die abgeschiedene Senke der Hochwies zwischen Seehorn und Hundstod, die wir beim Abstieg durchschreiten. Da lohnt sich jeder Meter dieser Rundtour, die mit einem Abstecher zum Großen Palfelhorn sogar um eine weitere reizvolle Note bereichert werden kann (siehe Tipp).

Tipp

Mit Hilfe des Zubringerdienstes rückt die Tour aufs Seehorn auch für durchschnittliche Geher in den Bereich des Möglichen; anders sieht es aus, wenn man direkt aus dem Tal starten möchte. Auf der Karte mag der Aufstieg von Diesbach verlockend erscheinen. Doch Vorsicht: Der vermeintlich »gewöhnliche« **Diesbachsteig** hat es ganz schön in sich und gibt sich deutlich anspruchsvoller als der Gipfel selbst. Gleich am Einstieg geht es enorm steil los, dann folgen ausgesetzte Stellen, an denen sogar ein paar eiserne Haltegriffe installiert sind. Glaubt man die Schwierigkeiten schon bewältigt zu haben, steht noch der Gang durch eine »grüne Hölle« bevor, der auf dem verschlungenen Pfad fast zur Durchschlageübung gerät. Man kommt knapp unterhalb der Kallbrunnalm heraus und ist nach zweieinhalb aufreibenden Stunden vermutlich schon ordentlich geschafft. Bei Nässe dringend abzuraten.
Ein gänzlich anderer Zustieg, der jedoch ebenfalls nur für gute Verhältnisse empfohlen werden kann, kommt von Norden durchs lang gezogene Wimbachtal. Bei der Wimbachgrieshütte (1327 m) zweigt man rechts auf Weg 440 ab und begibt sich quer über die ausgedehnten Schuttströme in den wilden Loferer Seilergraben hinein. Sehr steil und brüchig, stellenweise gesichert, hinauf zur Wimbachscharte (2028 m) und weiter auf die Kematenschneid, über die das Seehorn gewonnen wird.

Aufstieg: Nordöstlich der zahlreichen Hütten auf der Kallbrunnalm, am Rande einer feuchten Mulde, beginnt unsere Gipfelroute zum Seehorn. Über baumbestandenes Gelände, das von einzelnen Karren durchzogen ist, ostwärts bergauf. Auf knapp 1800 m passiert man den Seehornsee (früher, als es den großen Stausee unterhalb noch nicht gab, auch als Dießbachsee bezeichnet). Dahinter folgen etwas steilere Schrofenpassagen. Leicht links haltend peilt man einen kleinen, aber markanten Zacken im Gelände an, bei dem sich die Route deutlich nach rechts wendet. Über den schlichten Westrücken am Sennerinkreuz vorbei (hier starb im Sommer 1813 eine junge Sennerin in einem Schneesturm) zum Gipfel des Seehorns (2321 m).

Abstieg: Wir folgen dem Grat nordwärts über die Kematenschneid, bis rechts eine Wegspur in Richtung Hochwies hinableitet. Durch einen grabenartigen Einschnitt wird dieser idyllische, von

Das Seehorn

Bächen durchzogene Hochtalboden erreicht. Scharf am rechten Rand ums Kaseregg (1849 m) herum und nach Bachüberschreitung südwärts aus dem Kessel heraus. Im weiteren Bergab an einem Wasserfall vorbei zur Materialseilbahn des Ingolstädter Hauses und auf dem Fahrweg durchs Dießbachtal zum Ende des gleichnamigen Stausees (1415 m). Am linken Ufer muss nun ein kleiner Gegenanstieg bewältigt werden. Anschließend über die Dammkrone und nochmals leicht ansteigend zur Kallbrunnalm (Abholservice evtl. auch am Dießbach-Stausee).

Tipp

Ein besonders interessanter Nachbargipfel des Seehorns ist das **Große Palfelhorn (2222 m)**. Es wird eher selten bestiegen, lohnt sich aber aufgrund seiner beeindruckenden Tiefblicke in die von wilden Gräben total zerklüftete Landschaft des hinteren Wimbachtals. Vom Seehorn kommend folgt man dem nach Norden ziehenden Gratkamm bis über die Abzweigung zur Hochwies hinaus und trifft auf die von der Wimbachscharte heranziehende schwache, blau markierte Spur. Bald gelangt man unmittelbar an die nördlichen Abbrüche heran. An einer Stelle ist der Pfad sogar bereits von der fortschreitenden Erosion weggerissen. Mit weiteren Veränderungen muss jederzeit gerechnet werden. Eine brüchige Felspassage (I) in Form eines kleinen Riegels ist noch zu meistern, ehe die letzten Meter zum Gipfel des Palfelhorns offen stehen. Insgesamt muss man für den Abstecher rund 1 Std. zusätzlich einplanen; Schwierigkeitsniveau WF4, also höher als beim Seehorn.

42 Hochkranz

Der kleine Inselberg über dem Saalachtal bei Weißbach

F4–5

3–6 ½ Std.

↑↓ 500-1130 Hm

Charakter: Anfangs weitläufiges Almgelände, dann jedoch überraschend alpine Tour, besonders am Ostgrat (Stellen II). Der Normalweg ist etwas ruppig, aber in der entscheidenden Passage gesichert; Trittsicherheit unerlässlich. Mit Kleinbus-Zubringer nur ein Halbtagesprogramm, sonst auch als längere Wanderrunde ausdehnbar.
Bewertung: W3–4 am Normalweg, F4–5 am Ostgrat, W1 auf den Almstraßen (Umrundung).
Ausgangspunkt: Hintertal (979 m), Parkplatz an der Straße von Weißbach zum Hirschbichl (kurz vor dem Fahrverbot); Anfahrt auch mit dem zwischen Weißbach und Hintersee verkehrenden Wanderbus. Zur Kallbrunnalm gibt es ebenfalls einen Zubringer (→Tour 41).
Höchster Punkt: Hochkranz (1953 m).
Hütten: Keine; Jausenstation auf der Kallbrunnalm.
Gehzeiten: Hintertal – Kallbrunnalm 1 ½ Std. – Hochkranz 1 ¾ Std. – Kallbrunnalm 1 ¼ Std. – Pürzlbach 1 Std. – Hintertal 1 Std.; insgesamt zwischen 3 und 6 ½ Std.
Aufstiegsmeter: Hintertal – Kallbrunnalm 480 Hm – Hochkranz 500 Hm – Pürzlbach – Hintertal 150 Hm.
Skizze: Siehe Seite 129.

Am Gipfelaufbau hält der Hochkranz zünftige Kraxeleinlagen bereit.

Trotz relativ bescheidener Höhe von nicht einmal 2000 Hm präsentiert sich der Hochkranz als überraschend anspruchsvolles Ziel, das nur Berggewohnte auf ihr Programm setzen sollten. Um die Reize auszuschöpfen, sollte man den keineswegs trivialen Normalweg nur für den Abstieg wählen und im Bergauf über den

kurzen, aber rassigen Ostgrat zum Gipfel kraxeln. Kletterpassagen bis zum II. Grad verleihen der Angelegenheit die alpine Würze, nur an einer Stelle hängt ein kurzes Drahtseil. Der größte Trumpf dieses Berges, der ziemlich isoliert in der Landschaft über dem Saalachtal steht, ist allerdings die phänomenale Aussicht, bei der mit Loferer und Leoganger Steinbergen, Steinernem Meer, Hocheisgruppe und Reiteralm ringsum allerhand zur Schau gestellt ist.

Aufstieg: Von Hintertal geht es über eine rund 5 km lange Alm- und Forststraße zur weit verstreuten Kallbrunnalm (ca. 1460 m) hinauf (auch mit Zubringerdienst des Gasthauses Lohfeyer möglich). Hier weiter bis zu den obersten Hütten, wo ein Wiesenpfad ansetzt, der über die Verflachung des Hochfeldes zuletzt immer steiler zum Kühkranz (1811 m) emporzieht. Erdige Passagen erfordern bereits Trittsicherheit. Nun über den latschenbesetzten Rücken dem Hochkranz entgegen. Die Routen verzweigen sich; links führt der Normalweg leicht abwärts in die Südflanke. Wir gehen geradeaus und packen beherzt den Ostgrat an. Entgegen manchen Angaben ist der Fels in den schwierigeren Kletterpassagen gar nicht so brüchig, vielmehr recht griffig. Freilich kann man nicht erwarten, dass nicht auch einige lose Steine herumliegen. Man hält sich durchwegs im Bereich der Schneide, die häufig schmal und ausgesetzt ist. Eine Stelle wurde per Drahtseil entschärft, sonst muss teilweise im II. Grad geklettert werden. Zuletzt gemeinsam mit der Normalroute zum Gipfel des Hochkranz (1953 m).

Abstieg: Ein kurzes Stück zurück, dann wird der Grat in die Südflanke verlassen. Dort durch steile Latschengassen tiefer und an deren Ende zu einer steilen, versicherten Schrofenrinne. Anschließend in längerer Querung mit einem Gegenanstieg von rund 60 Hm zum Kammrücken zwischen Hoch- und Kühkranz und über die bekannte Route zur Kallbrunnalm zurück. Um nun nicht wieder die gleiche Fahrstraße abwärts hatschen zu müssen, sollten wir erwägen, den Hochkranz nach der Besteigung auch noch zu umrunden. Dazu steigen wir nach Pürzlbach (1016 m) ab und folgen einem Verbindungssteig nach Hintertal. Einziger Schönheitsfehler ist das finale, ansteigende Stück auf der Hirschbichlstraße zum Ausgangspunkt zurück (knapp 2 km). Wer hinauf einen Bustransfer genutzt hat, könnte auch direkt nach Weißbach (665 m) absteigen.

Reiteralpe

Blick von der Bindalm auf die Felszacken der »Ramsauer Dolomiten«

Die Reiteralpe, im Sprachgebrauch gemeinhin als Reiteralm bezeichnet, formiert zwischen Ramsau, Schneizlreuth und Lofer das westlichste Bollwerk der Berchtesgadener Alpen. Auch sie gehört zu den typischen Plateaustöcken mit diversen Karsterscheinungen und steilen, ziemlich geschlossen wirkenden Randabstürzen. Auf

der Hochfläche, die eine malerische Almmulde bildet, befindet sich mit der Neuen Traunsteiner Hütte der zentrale Stützpunkt der Reiteralm. Zustiege aus allen Himmelsrichtungen ermöglichen es, das Massiv ausgiebig zu erkunden. Allerdings wird ein Areal im nördlichsten Teil als Übungsgelände der Bundeswehr genutzt.

Als Hausberge der Traunsteiner Hütte dürfen der Große Weitschartenkopf und der Große der Drei Brüder gelten. Sie sind ebenso wie der Edelweißlahner bestens geeignet, um sich einen ersten Überblick zu verschaffen. Der am östlichen Plateaurand gelegene Edelweißlahner weist auch einen direkten Anstieg vom Hintersee auf, womit wir schon beim Zünftigen wären. Der alpinistisch reizvollste Teil der Reiteralm befindet sich naturgemäß dort, wo auch die höchsten Gipfel aufragen, also weiter im Süden. Großes Häuselhorn, Wagendrischlhorn und Stadelhorn heißen die Paradeziele, samt und sonders mit Normalrouten, die ein erfahrener Berggeher ohne größere Kletterambitionen gut bewältigen kann. Neben den Anstiegen von der Traunsteiner Hütte gibt es hier noch eine Reihe teilweise gesicherter Routen, die direkt vom Tal aus die steilen Flanken überwinden, etwa der Böslsteig oder der Schaflsteig. Interessante Kombinationen hat die Reiteralm damit in Hülle und Fülle zu bieten.

Am Stadelhorn zweigt ostwärts ein Gratkamm ab, der mit den Mühlsturz- und Grundübelhörnern die optisch eindrucksvollsten Gipfel der Gruppe trägt. Ihre schroffen Felsformationen wecken gewisse Assoziationen, sodass man auch respektvoll von den »Ramsauer Dolomiten« spricht. Der Anblick von der Bindalm ist längst zu einem der beliebtesten Postkartenmotive avanciert. Allerdings finden auf dieser Seite nur gewiefte Kletterer die Wege hinauf – und die Felsen manchmal hinunter: So hat es erst im Jahr 1999 am Kleinen Mühlsturzhorn einen gewaltigen Bergsturz gegeben, dessen Folgen noch gut zu sehen sind.

Zum Abschluss machen wir noch einen Sprung über den nahen Hirschbichl und widmen uns den waldreichen, zum Saalachtal orientierten Ausläufern der Gruppe. Mit Litzlkogel und Großem Hundshorn werden zwei leichtere, weniger spektakuläre Wandergipfel aus dieser Region vorgestellt. Summa summarum ein ziemlich vielseitiger Gebirgsstock, diese Reiteralm.

43 Großer Weitschartenkopf und Großer Bruder

Die Hausberge der Traunsteiner Hütte

W2

8 ³/₄ Std.

↑↓ 1570 Hm

Charakter: Schrecksteig problemloser, aber langer Zustieg; die Gipfelanstiege führen über latschendurchsetzte Gras- und Schrofenhänge. Der Verbindungssteig ist unbezeichnet und teilweise überwachsen, erfordert also Aufmerksamkeit. Etwas Trittsicherheit angenehm, vor allem bei Nässe; im Rahmen einer Tagestour auch Ausdauer.
Bewertung: W2.
Ausgangspunkt: Oberjettenberg (630 m), Parkplatz nahe der Bundeswehr-Seilbahn; erreichbar über die B 305 (kein Busverkehr).
Höchster Punkt: Großer Weitschartenkopf (1979 m).
Hütten: Neue Traunsteiner Hütte (1570 m), DAV, Anfang April–Ende Oktober, Tel. (D)-0171/437 89 19.
Gehzeiten: Oberjettenberg – Traunsteiner Hütte 3 ¹/₂ Std. – Gr. Bruder 1 ¹/₄ Std. – Gr. Weitschartenkopf ³/₄ Std. – Traunsteiner Hütte ³/₄ Std. – Oberjettenberg 2 ¹/₂ Std.; insgesamt 8 ³/₄ Std.
Aufstiegsmeter: Oberjettenberg – Traunsteiner Hütte 1000 Hm – Gr. Bruder – Gr. Weitschartenkopf 500 Hm – Oberjettenberg 70 Hm.
Skizze: Siehe Seite 138.

Tipp

Weitere Zustiege zur Traunsteiner Hütte ergeben sich von Reit (577 m) im Saalachtal über den Alpasteig (→Tour 44) oder von der Schwarzbachwacht (868 m) über den Wachterlsteig (→Tour 45). In jedem Fall ist mit rund 3 ¹/₂ Std. Gehzeit zu rechnen. Leider sind die Busverbindungen zwischen den verschiedenen Ausgangspunkten bescheiden, sodass man für Kombinationen meist auf zwei Fahrzeuge angewiesen ist.

Diese Tour eignet sich hervorragend für ein erstes Kennenlernen der Reiteralm. Großer Weitschartenkopf und Großer Bruder, die sich vorteilhaft miteinander verbinden lassen, sind leichte Gipfelziele im Nahbereich der Traunsteiner Hütte. Die Ausblicke über die malerische Hochmulde zu den stattlichen Gipfeln der südlichen Reiteralm, aber ebenso in die Ferne, brauchen keinen Vergleich zu scheuen. Übrigens gibt es auf der Westseite auch respektable Felsabstürze, die besonders vom Großen Bruder aus gut zur Geltung kommen. Da man in jedem Fall einen langen Zustieg in Kauf nehmen muss, um überhaupt auf das Hochplateau zu gelangen, wird man vorteilhaft in der Traunsteiner Hütte Quartier nehmen. Von dort aus lässt sich eine ganze Reihe interessanter Gipfeltouren unternehmen.

Schrecksteig: Von Oberjettenberg auf einer Forststraße, die teilweise auf einem Steig abgekürzt werden kann, bergauf. Stets der Markierung 474 nach auf einen allmählich kehrenreicheren Bergweg, bei dem etliche Holzstufen eingebaut worden sind. Man nähert sich den Abstürzen des Wartstein zur Linken und gewinnt in einem Bogen an einem Felsportal vorbei den Schreck-

43

sattel (1620 m) mit großem Bildstock und Infotafel der Bundeswehr. Auf dem zirben- und latschenbestandenen Plateau schließlich entlang einem breiten, befahrbaren Weg in leichtem Auf und Ab zur Neuen Traunsteiner Hütte (1570 m).

Gipfelaufstieg: Von der Hütte westwärts dem Hinweis »Großer Bruder, Weitschartenkopf« folgen. Kurz darauf erneut Verzweigung; wir wenden uns zuerst dem Großen Bruder zu und bleiben damit am linken, unteren Weg. In aufsteigender Querung durch die latschenbestandene Südostflanke und zur Kammhöhe zwischen beiden Gipfeln. Kurz hinab in eine Einschartung und über Schrofen zum Gipfel des Großen Bruders (1864 m). Für die Überschreitung zunächst ein Stück zurück. Man gibt Acht, die Abzweigung nicht zu verpassen, denn der kammnahe Pfad ist undeutlich und nicht markiert. Nach einer Querung durch die Latschenflanke trifft man auf den bezeichneten Normalweg und folgt ihm über Schrofen zum Grat und auf den Gipfel des Großen Weitschartenkopfes (1979 m).

Abstieg: Über den Normalweg durch die weitläufigen, südostseitigen Hänge zurück zur Traunsteiner Hütte und über den Schrecksattel zum Ausgangspunkt bei Oberjettenberg.

Stützpunkt für Touren auf der Reiteralm: die Neue Traunsteiner Hütte

44 Großes und Kleines Häuselhorn

Von Reit über den Alpasteig und die Roßgasse

FW3

10 ¼ Std.

↑↓ 1800 Hm

Charakter: Der Alpasteig ist stellenweise etwas holprig, aber ein Bergweg ohne Schwierigkeiten. Beim Gipfelaufstieg ist ein Felsriegel zu überwinden; die Kraxelei erreicht knapp den I. Grad. Trittsicherheit daher unbedingt notwendig. Als Zweitagestour geplant, bedarf es durchschnittlicher Ausdauer.
Bewertung: W2 für den Alpasteig, FW3 für die Häuselhörner.
Ausgangspunkt: Reit (577 m) im Saalachtal nördlich von Lofer; Busverbindung.
Höchster Punkt: Großes Häuselhorn (2284 m).
Hütten: Neue Traunsteiner Hütte (1570 m), DAV, Anfang April–Ende Oktober, Tel. (D)-0171/437 89 19.
Gehzeiten: Reit – Traunsteiner Hütte 3 ½ Std. – Gr. Häuselhorn 2 ½ Std. – Kl. Häuselhorn ¼ Std. – Reit 4 Std.; insgesamt 10 ¼ Std. (aufteilbar in 2 Tage).
Aufstiegsmeter: Reit – Traunsteiner Hütte 1050 Hm – Häuselhorn 750 Hm.

Mit 2284 m ist das Große Häuselhorn der zweithöchste Gipfel der Reiteralm, nur 2 m niedriger als das Stadelhorn. Während sich auf der Südwestseite schroffe Felsabstürze zeigen, ist der Gipfel vom Plateau her relativ leicht zu erreichen. Allerdings will auch hier eine abschüssige Schrofenflanke durchkraxelt werden. Das Kleine Häuselhorn kann dabei in wenigen Minuten mitgenommen werden. Mit Übernachtung auf der Traunsteiner Hütte,

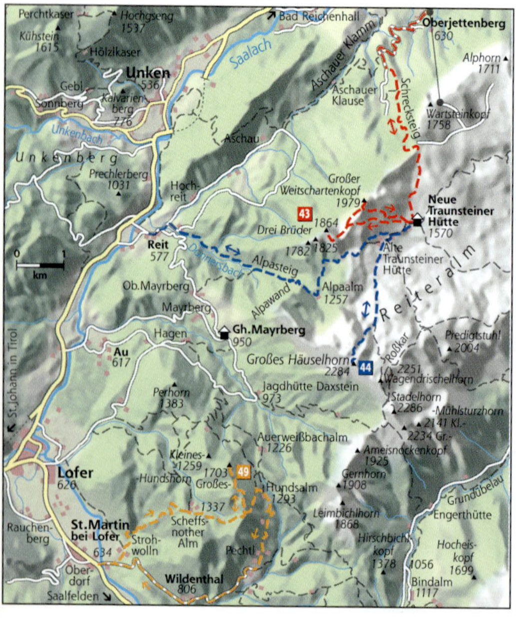

Tipp

Unterhalb der Windlöcher zieht der Weg 473 weiter ins stark verkarstete Roßkar und rechts ausholend zum **Wagendrischlhorn (2251 m)**, dem »Gugelhupf« der Reiteralm, hinauf; ab Hütte 3 Std., Schwierigkeitsniveau W3.

die für diese lange Tour ohnehin fast obligatorisch ist, können ausdauernde Geher zudem eine Kombination mit dem Wagendrischlhorn (siehe Tipp) in Erwägung ziehen. Als Zustieg ist hier beispielhaft der historisch bedeutende Alpasteig von Reit beschrieben; andere Varianten (Schreck- und Wachterlsteig) sind freilich genauso gut.

44

Der Gipfel des Großen Häuselhorns

Alpasteig: Von Reit mit der Bezeichnung 470 auf einer Forststraße am Donnersbach entlang taleinwärts. Nach einer Weile auf einen Steig, der im Wald steiler bergauf leitet. Man gelangt auf die in einem Kessel gelegene Lichtung der Alpa-Alm (1250 m), wo man sich scharf nach links wendet. Nach den Wiesen etwas holprig über Wurzeln zum Rand der Hochfläche empor. Mit leichtem Auf und Ab an der unbewirtschafteten Alten Traunsteiner Hütte (1580 m, dient als Winterunterkunft) vorbei zur Neuen Traunsteiner Hütte (1570 m).

Gipfelaufstieg: Bei der Alten Traunsteiner Hütte trennt sich Weg 473 ab, der südwärts am Rande des Reitertrett entlangführt und dann zur Roßgasse ansteigt. Auf etwa 1870 m zweigt rechts die Route zum Häuselhorn ab (Wegweiser). Über einen Hang zu den Windlöchern, einem oft schneegefüllten Kar, das auf seiner linken Seite durchquert wird. Bergseitig geht es in eine steile Fels- und Schrofenflanke über, in der sich der Steig nun emporwindet. Einige Stufen erfordern die Zuhilfenahme der Hände. Weiter oben legt sich das Gelände wieder zurück. Dort links haltend und über schrofige Hänge in die Nähe des Nordostgrates, der zum Gipfel des Großen Häuselhorns (2284 m) leitet.

Abstieg: Wer noch das Kleine Häuselhorn (2227 m) besteigen möchte, folgt dem Verbindungskamm in die begrünte Senke hinab und über einige Felsen kurz wieder hinauf. Der Rest des Abstiegs erfolgt auf der Aufstiegsroute.

45 Edelweißlahner – Reiter Steinberg

Kammwanderung über den Randabstürzen der Reiteralm

W2–3

11 Std.

↑↓1450 Hm

Charakter: Unschwierige und überwiegend gut bezeichnete Wanderwege, die im Karst jedoch mitunter etwas beschwerlich sind. Auch mit Hüttenübernachtung ist solide Ausdauer erforderlich; etwas Trittsicherheit vor allem passagenweise am Wachterlsteig und in der Steinberggasse. Die eigentliche Kammwanderung ist leicht, verlangt aber ausreichende Sicht (hier zwischendurch undeutlich markiert).
Bewertung: Auf allen Teilstücken meist W2, höchstens W2–3.
Ausgangspunkt: Schwarzbachwacht (868 m) an der Deutschen Alpenstraße (B 305) zwischen Ramsau und Unterjettenberg; spärliche Busanbindung.
Höchster Punkt: Prünzelkopf (2081 m).
Hütten: Neue Traunsteiner Hütte (1570 m), DAV, Anfang April–Ende Oktober, Tel. (D)-0171/437 89 19.
Gehzeiten: Schwarzbachwacht – Traunsteiner Hütte 3 1/2 Std. – Edelweißlahner 1 3/4 Std. – Reiter Steinberg 1 3/4 Std. – Traunsteiner Hütte 1 1/2 Std. – Schwarzbachwacht 2 1/2 Std.; insgesamt 11 Std.
Aufstiegsmeter: Schwarzbachwacht – Traunsteiner Hütte 750 Hm – Edelweißlahner 450 Hm – Reiter Steinberg 250 Hm.
Skizze: Siehe Seite 120.

Beim Übergang vom Edelweißlahner zum Schottmalhorn

Beim Blick auf die südöstlichen Randabstürze der Reiteralm lässt sich nicht unbedingt erahnen, dass diese Gipfel von der Rückseite relativ leicht zugänglich sind. Eher schon mag man an eine interessante Kammwanderung hoch über den Wänden glauben, die das Kernstück der hier vorgestellten Rundtour bildet. Zwischen dem Edelweißlahner und dem Reiter Steinberg darf man sich auf ein Aussichtsvergnügen der Extraklasse freuen. Allerdings erschließt sich dies nicht ohne einen beschwerlichen Zustieg, wofür wir hier – nachdem Schreck- und Alpasteig bereits in den vorherigen Kapiteln eingeführt wurden – zur Abwechslung

45

den speziell bei feuchter Witterung recht unerquicklichen Wachterlsteig wählen wollen.

Wachterlsteig: Von der Schwarzbachwacht folgen wir dem Wachterlsteig (Nr. 470), der das erste Stück flach, bald aber ziemlich steil durch den bewaldeten Geländeeinschnitt zwischen Bärenkareck und Zirbeneck nach Westen führt. Bei Nässe ist es auf dem erdigen und steindurchsetzten Untergrund unangenehm glitschig. Auf dem Plateau flacht die Route wieder deutlich ab, dreht dabei mehr nach Südwesten ein und windet sich durch teils baumbestandene, teils offenere Karstgassen und -mulden (»Saugasse«) in leichtem Auf und Ab zur Neuen Traunsteiner Hütte (1570 m).

Gipfelüberschreitung: Wir wählen Weg 474, der durch lichte Zirben-, Lärchen- und Legföhrenbestände meist südöstliche bis östliche Richtung einhält. Wie so oft auf einem Hochplateau gestaltet sich der Höhengewinn recht zäh, denn immer wieder tauchen neue Mulden auf, die durchschritten werden müssen. Schließlich wird es doch etwas steiler, worauf die Route durch ausgedehnte Latschen die Kammhöhe und nach links in Kürze den Gipfel des Edelweißlahners (1953 m) erreicht. Von dort wieder ein Stück zurück, dann jedoch in Kammnähe bleiben und abwechselnd über Karren und Grashänge zum kreuzgeschmückten Schottmalhorn (2045 m) hinauf. Die nächste Erhebung, lediglich durch eine kleine Senke abgetrennt, ist das Hohe Gerstfeld (2032 m) mit seiner stattlichen Gipfelwiese. Anschließend folgt der Prünzelkopf (2081 m), der ebenfalls wieder einen kurzen Gegenanstieg bereithält. Dahinter recht steil hinab in die nächste Einsenkung und schließlich nochmals bergauf zum abgeflachten Reiter Steinberg (2060 m). Ein paar Schritte weiter gelangen wir zu einem wichtigen Wegekreuz. Während es geradeaus zum Wagendrischlhorn weitergeht und links der etwas anspruchsvollere Böslsteig abzweigt, folgen wir der Bezeichnung 472 rechts in die Steinberggasse hinab. Der Steig windet sich ziemlich steil über Karren abwärts, später moderater durch Baumgelände und erreicht letztlich die große Wiesenmulde mit den Kasern der Reiteralm. Von dort rechts haltend hinüber zur Neuen Traunsteiner Hütte.

Tipp

Eine Nummer zünftiger gestaltet sich die Überschreitung, wenn man von Hintersee direkt zum Edelweißlahner aufsteigt (→Tour 46) und später über den Böslsteig (→Tour 47) wieder zu Tal. Da die Traunsteiner Hütte hierbei nicht berührt wird, muss die fast 9-stündige Tour an einem Tag bewältigt werden (Bewertung WF3–4).

46 Edelweißlahner und Eisberg

Steil und hoch über dem Hintersee

WF4

7 1/4 Std.

↑↓ 1330 Hm

Charakter: Obwohl nur einzelne, teils versicherte Kraxelstellen, insgesamt recht anspruchsvolle Tour auf spärlichen, wenig frequentierten Bergpfaden. Nicht beschildert und sehr inhomogen markiert. Die Abschüssigkeit und Ruppigkeit des Terrains erfordert Trittsicherheit und Schwindelfreiheit. Alles in allem eine Tour für Bergerfahrene.
Bewertung: Aufstieg zum Edelweißlahner WF3–4, Abstiegsroute via Eisbergscharte mit WF4 noch eine Nuance schwieriger.
Ausgangspunkt: Beim Triebenbachlehen (ca. 840 m), knapp 1 km nördlich des Hintersees; Parkmöglichkeit.
Höchster Punkt: Edelweißlahner (1953 m).
Hütten: Keine am Weg.
Gehzeiten: Triebenbach – Edelweißlahner 3 1/2 Std. – Eisbergscharte 1 Std. – Abstecher Eisberg 1 Std. – Triebenbach 1 3/4 Std.; insgesamt 7 1/4 Std.
Aufstiegsmeter: Triebenbach – Edelweißlahner 1110 Hm – Eisberg 220 Hm.
Skizze: Siehe Seite 120.

Edelweißlahner und Eisberg bilden die östlichen Eckposten der Reiteralm, unmittelbar über den Gestaden des Hintersees. Und von dieser Seite können sie – trotz des unzugänglich wirkenden Steilgeländes – sogar bestiegen werden, sofern man absolute Trittsicherheit und gutes Orientierungsvermögen mitbringt. Speziell in der vorgeschlagenen Kombination handelt es sich um eine der reizvollsten Touren in der Umgebung, selbst wenn sie die Zweitausendermarke nicht überschreitet und nur wenig über die Baum- und Latschenzone hinausreicht. Der Blick in die Achse des Ramsauer Tals sowie auf die eindrucksvoll hintereinander gestaffelten Berchtesgadener Berge ist jedenfalls phänomenal, und das blaue Auge des Hintersees bleibt am Ende doch beachtlich weit unterhalb.

Aufstieg zum Edelweißlahner: Vom Triebenbachlehen auf breitem Weg sanft ansteigend in Richtung Halsalm bis kurz vor den Antonigraben. Falls man die undeutliche, unbezeichnete Abzweigung übersehen hat und schon beim Bach angelangt ist, sollte man sich nicht etwa durch den Graben aufwärts kämpfen, sondern ca. 100 m zurückgehen. Der abzweigende Pfad führt am bewaldeten Hang in die Höhe und erreicht später den Antonigraben, wo dieser seichter wird und sich gut begehen lässt. Im Zickzack aufwärts bis zu seinem Ende unter den kesselartigen Steilwänden. Hier trennen sich die Routen zum Eisberg (nach

46

rechts, kaum markiert) sowie zum Edelweißlahner (links, mit deutlichen roten Punkten). Es folgt also eine Traverse nach links, bis die Wände einen Durchschlupf freigeben. Mit Drahtseilhilfe über eine kurze Steilstufe und anschließend längere Zeit schräg rechts aufwärts. Zwischendrin ist eine kurze Linksquerung über Abbrüchen bis zu einer Rinne eingeschaltet, ehe der Pfad durch eine seichte, schrofige Karbucht wieder weit nach rechts zieht. Mit zeitweiliger Unterstützung der Hände gewinnen wir – am Ende durch eine Latschengasse – die Grathöhe zwischen Edelweißlahner und Hüfelwand. Nun direkt über den aufsteilenden Nordostgrat zum Gipfel (1953 m).

Übergang zum Eisberg: Wir steigen zurück zum Gratschärtchen, halten uns hier aber links in die von zerklüfteten und oft sehr steilen Karrenfeldern geprägte Nordseite hinab. Die verschlungene Route ist nicht ganz leicht zu begehen; sie ist aber markiert und laviert geschickt abwärts bis in die Mulde der Eisbergalm. Dort nach rechts und schwach ansteigend zur Eisbergscharte (1600 m), wo bei einigen Blöcken der kleine Pfad zum Eisberg abzweigt (Steinmann am Anfang, sonst unbezeichnet). Zunächst rechts haltend bis zu einer Kanzel, von der man einen herrlichen Blick auf den Hintersee hat, dann wieder mehr links und durch Latschengassen auf den Gipfelgrat des Eisberges (1800 m).

Herbstzauber beim Aufstieg vom Hintersee zum Edelweißlahner

Abstieg: Zurück zur Eisbergscharte, anschließend südwärts bergab, rechts an einer Mulde vorbei und durch Krummholz zu einer Verzweigung mit zwei gleichwertigen Möglichkeiten. Entweder links über die »Fernsebnerplatte« oder rechts querend und nachfolgend über das »Leiterl« hinab. Beide Varianten verlaufen ausgesetzt über Abbrüchen und dazu unangenehm erdig (Vorsicht bei Nässe!), sind aber abschnittsweise versichert. Unterhalb der Leiter kommen sie wieder zusammen und führen gemeinsam nach rechts hinüber in den Kessel am Ansatz des Antonigrabens. Von dort auf bekannter Route zurück zum Triebenbachlehen.

47 Stadelhorn und Wagendrischlhorn

Packende Kombitour über Schafl- und Böslsteig

FK4

10 1/4 Std.

↑↓1730 Hm

Charakter: Überwiegend steile Bergsteige, die Erfahrung und gute Trittsicherheit verlangen. Unterhalb der Mayrbergscharte sowie auf der Südseite des Wagendrischlhorns echter Klettersteigcharakter, am Böslsteig nur kurze gesicherte Passagen, am Stadelhorn Stellen I. Ohne Stützpunkt eine lange, anstrengende Tour, für die ausgezeichnete Kondition notwendig ist. Steinschlaggefahr vor allem am Schaflsteig.
Bewertung: Für die Klettersteige an der Mayrbergscharte und zum Wagendrischlhorn FK4, am Stadelhorn-Gipfelaufbau F3–4, sonst am Schafl- und Böslsteig W3.
Ausgangspunkt: Parkplatz Hintersee (794 m) am Eingang ins Klausbachtal, das für den öffentlichen Verkehr gesperrt ist. Es verkehrt aber ein Wanderbus, den man bis zur Engertalm (959 m) nutzen kann (erster Kurs um 8.00 Uhr).
Höchster Punkt: Stadelhorn (2286 m).
Hütten: Keine am Weg.
Gehzeiten: Hintersee – Engertalm 1 1/4 Std. – Schaflsteig – Mayrbergscharte 3 1/2 Std. – Stadelhorn 3/4 Std. – Wagendrischlhorn 1 1/4 Std. – Böslsteig – Hintersee 3 1/2 Std.; insgesamt 10 1/4 Std.
Aufstiegsmeter: Hintersee – Engertalm 160 Hm – Mayrbergscharte 1140 Hm – Stadelhorn 230 Hm – Wagendrischlhorn 200 Hm.
Skizze: Siehe Seite 120.

Die Skyline der Ramsauer Dolomiten: Stadelhorn sowie Mühlsturz- und Grundübelhörner

Die Kombination von Schafl- und Böslsteig mit Überschreitung des Wagendrischlhorns und Abstecher zum Stadelhorn gehört zweifellos zu den Highlights in den Berchtesgadener Alpen. Hier lernt man den interessantesten und schroffsten Teil der Reiteralm kennen, mit den steilen Randabstürzen, die von den geschickt angelegten Pfaden durchmessen werden, sowie der prächtigen Aussicht von den höchsten Gipfeln. Die Tour kann ohne Weiteres in beiden Richtungen empfohlen werden. An dieser Stelle wird dem Aufstieg über den Schaflsteig der Vorzug gegeben, weil man die Klettersteigpassagen an der Mayrbergscharte sowie am Wagendrischlhorn im Bergauf meistert, was vielen leichter fällt. In jedem Fall muss man bergsteigerisch versiert und sehr ausdauernd sein, um den grandiosen Landschaftsrahmen auch ausgiebig genießen zu können.

Tipp

Die Tour auf Stadel- und Wagendrischlhorn kann auch vom Gasthaus Obermayrberg (900 m, erreichbar auf einer Bergstraße von Lofer) aus angegangen werden. Dazu folgt man zuerst einer Forststraße südostwärts Richtung Jagdhaus Daxstein. Links auf einem Waldweg hinauf zum Jagdhaus Hochgscheid (1386 m) und durch einen Bacheinschnitt sowie eine latschenbestandene Hangmulde weiter aufwärts zum landschaftlich prachtvollen Sattel am Hochgscheid. Links am Kamm gelangt man zur Verbindung mit dem Schaflsteig, ehe es in die steilen Felsen zur Mayrbergscharte geht. Nach Überschreitung des Wagendrischlhorns kann man dem Weg 472 durch die Roßgasse folgen, um über den Alpasteig (→Tour 44) den Talabstieg anzutreten. Zuletzt muss nach Beschilderung »Obermayrberg« noch das Lanzental im Auf und Ab traversiert werden, ehe man nach rund 10 Std. Gesamtgehzeit den Ausgangspunkt erreicht.

Aufstieg zum Stadelhorn: Falls man nicht den ersten Bus abwarten möchte, beginnt die Tour mit einem flachen Anstieg durch die Grundübelau. Bereits vorn im Tal zweigt der Weg zur Halsalm (Nr. 472) mit dem Böslsteig ab. Dessen ungeachtet nehmen wir den Fußweg links der Straße. Bei der Engert-Holzstube endet die Talwanderung, kurz dahinter setzt der Schaflsteig (Nr. 473) an und führt im Bergwald sogleich kompromisslos in die Höhe. Man bewegt sich auf dem steilen Rücken zwischen Stadel- und Mühlsturzgraben und gelangt rechts haltend in die Latschenzone. Häufig in sandigen Furchen aufwärts zu einer krummholzbestandenen Rippe und über Schutt an den Fuß der mächtigen Stadelmauer. Ein auffälliger Felszacken wird rechts passiert. Am Hochgscheid mündet, nach ein paar Metern Zwischenabstieg, von links der Loferer Steig ein (siehe Tipp). Auf schuttigen Bändern unterhalb der Felsen zum Beginn einer drahtseilgesicherten Rampe, die in eine Geröllrinne übergeht und schließlich die Mayrbergscharte (2053 m) gewinnt. Schließlich rechts am Gipfel-

47

aufbau des Stadelhorns über gebänderte Absätze und Felsstufen (I) zum höchsten Punkt (2286 m).

Übergang zum Wagendrischlhorn: Zunächst zurück zur Mayrbergscharte. Wer das Wagendrischlhorn auslassen möchte, quert nun östlich des Gipfels oberhalb einer Karmulde und erreicht bei der Wagendrischlscharte den Weiterweg (gut ½ Std. kürzer). Sonst geht es über Karren an die Südabstürze des Wagendrischlhorns heran, wo der 1983 eröffnete, mäßig schwierige Klettersteig emporleitet. Man steigt im Bereich einer Kante an guten Sicherungen auf und gewinnt über einige Schrofenpassagen den Gipfel (2251 m).

Am Böslsteig mit Blick ins Wagendrischlkar

Abstieg: Im Bogen nordwärts hinab an den oberen Rand des Roßkars. Wir queren unter dem Gipfelaufbau nach Osten und erreichen die Wagendrischlscharte. Im Bereich des sanften Kammrückens weiter über die grasbewachsenen Plattelköpfe, bis der mit Nr. 472 markierte Böslsteig nach rechts hinunter ins Wegkar leitet. Am linken Rand abwärts und unter den Wänden des Predigtstuhls weiter über teils felsdurchsetzte, teils grasige Böden zu einer Steilstufe. Sie wird an Sicherungen überwunden, ehe es rechts haltend zu einer weiteren gesicherten Stufe geht. Nach dieser Schlüsselstelle führt ein Band scharf nach links und zur letzten Stufe am unteren Einstieg des Böslsteiges. Am Wandfuß erst rechts, dann unter den steil aufstrebenden Felsen des Knittelhorns wieder links über teils steinige, teils vegetationsbedeckte Hänge in die bewaldete Halsgrube hinab. Mit kurzem Gegenanstieg zum breiten Weg, der von der Halsalm kommt. Auf ihm hinab in die Talsohle und nach links zurück zum Parkplatz Hintersee.

Tipp

Vielleicht ist es auch für einen alpinistischen »Normalverbraucher« einmal interessant, auf einem Gipfel zu stehen, der normalerweise extremeren Kletterern vorbehalten ist: Das Große Mühlsturzhorn (2234 m) lässt sich vom Stadelhorn her über den teilweise scharfen Verbindungsgrat erreichen (überwiegend Abstieg, Stellen I–II, tolles Ambiente). In jedem Fall muss man genauso wieder zurück.

Litzlkogel

48

Ein »Gipfelchen« über dem Hirschbichl

W2–3

2 ½ Std.

↑↓ 480 Hm

Charakter: Kurzer Gipfelaufstieg, der stellenweise etwas schmierig sein kann und eine gesicherte Steilpassage aufweist. Eine grundlegende Trittsicherheit ist deshalb notwendig.
Bewertung: Immerhin W2–3 aufgrund einer ausgesetzten Passage.
Ausgangspunkt: Hirschbichl (1148 m), erreichbar mit dem Wanderbus von Hintersee bzw. Weißbach im Saalachtal; bei Anstieg zu Fuß 2 Std. von Hintersee und ½ Std. vom Fahrverbot im Hintertal.
Höchster Punkt: Litzlkogel (1625 m).
Hütten: Bergheim Hirschbichl (1148 m), privat, Mai–Mitte Oktober, Tel. (A)-06582/83 47.
Gehzeiten: Hirschbichl – Litzlalm ½ Std. – Litzlkogel 1 Std. – Hirschbichl 1 Std.; insgesamt 2 ½ Std.
Aufstiegsmeter: Hirschbichl – Litzlkogel 480 Hm.
Skizze: Siehe Seite 129.

Der Litzlkogel ist für sich genommen ein unbedeutendes Gipfelziel. Gleichwohl bietet er eine unterhaltsame Stippvisite vom Hirschbichl aus, wobei neben dem Gipfelpanorama – welches Reiteralm, Hochkaltergebirge, Leoganger und Loferer Steinberge in schöner Anordnung zeigt – vor allem die idyllische Litzlalm mit ihren alten Holzhütten begeistert. Trotz der Kürze und bescheidenen Höhe: Ein sicherer Tritt ist allemal angezeigt, denn ein leichter Spaziergang ist dies keineswegs.

Aufstieg: Für den Aufstieg von der Hirschbichlstraße zur Litzlalm (1334 m) kann man zwischen einem steileren Waldpfad und einem weiter ausholenden Wirtschaftsweg wählen. Der Fahrweg vollzieht bei den verstreuten Almhütten noch eine ansteigende Rechts-links-Schleife und endet nordöstlich unter dem Gipfelaufbau des Litzlkogels. Ein bei Nässe unangenehm erdiger Steig leitet nun durch lichten Wald an die Felsabbrüche heran. In einer Aufwärtsquerung nach links (eine schrofige Rampe gesichert) und auf ein Latschenplateau hinauf. Dort wenige Meter abwärts und nach rechts durch ausgeschlagene Gassen zum Gipfel des Litzlkogels (1625 m).

Abstieg: Auf der gleichen Route.

Blick vom Litzlkogel auf die Hauptgipfel der Reiteralm

49 Großes Hundshorn

Über den waldreichen Saalachtaler Bergen

W2–3

6 Std.

↑↓1100 Hm

Charakter: Unschwierige Wanderung überwiegend auf Wald- und Almsteigen, zu Beginn steile Schlucht, am Gipfel einige Schrofenpassagen. Etwas Trittsicherheit notwendig, zudem ordentliche Ausdauer.
Bewertung: Meist W2, kurz unterm Gipfel eine Spur schwieriger.
Ausgangspunkt: St. Martin (634 m), an der Abzweigung nach Wildental; Buslinie Lofer–Saalfelden.
Höchster Punkt: Großes Hundshorn (1703 m).
Hütten: Keine.
Gehzeiten: St. Martin – Scheffsnothalm 2 Std. – Gr. Hundshorn 1 1/4 Std. – Hundsalm 1 Std. – St. Martin 1 3/4 Std.; insgesamt 6 Std.
Aufstiegsmeter: St. Martin – Gr. Hundshorn 1100 Hm.
Skizze: Siehe Seite 138.

Gegen das Saalachtal bei Lofer versteckt sich das Felsbollwerk der Reiteralm hinter bewaldeten Vorbergen, deren höchster und interessantester das Große Hundshorn ist. Ein weitmaschiges Wegenetz umzieht den Berg und lässt von verschiedenen Seiten Zustiege zu – spätestens am Hundssattel sind alle vereint und streben über den Südrücken dem aussichtsreichen Gipfel entgegen. Abgesehen vom tollen Panorama bietet die hier vorgestellte Rundtour von St. Martin noch die Strowollner Schlucht gleich zum Auftakt sowie die malerische Wiesenlandschaft im Wildental beim Abstieg. Insgesamt eine überraschend vielseitige Tour in einem vermeintlich weniger spektakulären Teil unseres Gebiets.

Aufstieg: Von St. Martin zunächst zum Ortsteil Strowolln, wo der markierte Bergweg (lokale Nr. 24) beginnt. Schon bald geht es durch die imposante, mit steilen, soliden Holzstiegen gangbar gemachte Strowollner Schlucht empor (Umgehung möglich). Anschließend in vielen Windungen an der steilen Berglehne aufwärts, wobei der Wald ab und zu Durchblicke auf die Loferer Steinberge freigibt. Über den Ötscher erreichen wir eine Geländeschwelle und kurz darauf die große Lichtung der Scheffsnothalm (1337 m) mit ihren zahlreichen Hütten. Am rechten oberen Rand der Almfläche weiter leicht ansteigend zum Hundssattel. Nun mit der Markierung 24a am baum- und latschenbestandenen Kamm entlang. Nach einer vorgelagerten Kuppe muss ein paar Meter abgestiegen werden, ehe der Gipfelaufbau über einige schrofige Stellen erklommen wird.

49

Abstieg: Zuerst über den Südrücken zurück zum Hundssattel. Auf der anderen Seite des Kammes bringt uns eine lang gezogene Abwärtsquerung in den Bereich der Hundsalm (1293 m), die wir nach einer Verzweigung rechts in direktem Abstieg erreichen. Von dort auf einem befestigten Güterweg über den so genannten Sonnseithirschbichl hinab nach Pechtl (von hier aus ließe sich das Hundshorn übrigens auf kürzestem Wege besteigen; Zufahrt gestattet). Weiter über die Bergstraße – ein kleines Stück abkürzend – via Wildental (806 m) zurück nach St. Martin.

Blumenwiesen am Sonnseithirschbichl zwischen Hundsalm und Pechtl

Loferer Steinberge

Die Loferer Steinberge, mit den benachbarten, durch den Römersattel abgetrennten Leogangern meist in einem Atemzug genannt, erheben sich unmittelbar westlich der Berchtesgadener Alpen. Obwohl sie sich als isolierte Bergstöcke ebenso markant wie jene zeigen, führen sie im alpinistischen Sinn doch eher ein Schattendasein. Traditionell zieht es die Bergsteiger eben eher in die Berchtesgadener oder in den Wilden Kaiser. Doch wer ein ursprüngliches Ambiente liebt und spröden Reizen herb-schöner Kalklandschaften aufgeschlossen gegenübersteht, wird hier echte Entdeckungen machen. Die Loferer wie auch die Leoganger Steinberge sind weder durch Seilbahnen noch durch hoch hinaufführende Straßen erschlossen – vielmehr sind sie bis heute in vollem Umfang eine hochalpine »Fußgängerzone« geblieben. Das macht sie in gewisser Hinsicht besonders wertvoll.
Das insgesamt recht kompakte Massiv der Loferer Steinberge zeigt sich bei genauerer Betrachtung in mehrere Äste gegliedert. Von Lofer stechen besonders die beiden mächtigen Karmulden der Wehrgruben ins Auge. Sie trennen drei Hauptstöcke: links der breite Kammzug der Ochsenhörner, in der Mitte das elegante Reifhorn und rechts eine verzweigtere Bastion mit dem Breithorn als Front und dem Großen Hinterhorn als Mittelpunkt. Einzige Unterkunft ist die Schmidt-Zabierow-Hütte am Rande der Großen Wehrgrube. Von dort aus lassen sich die meisten Gipfel vorteilhaft angehen. Mit nicht weniger als sechs verschiedenen Anstiegen ist das Große Hinterhorn (mitunter auch als Mitterhorn bezeichnet) der vielseitigste. Dabei können wir wählen zwischen dem Normalweg über die Schmidt-Zabierow-Hütte, der zünftigen Ferrata am »Nackten Hund«, dem Griesbacher Steig und dem Rothörnl-

Klettersteig von Waidring, dem großartigen Nuaracher Höhenweg über eine ganze Reihe von (Vor-)Gipfeln sowie der Route durch das urtümliche Lastal. Die beiden Letzteren nehmen im tirolerischen Pillerseetal ihren Ausgang. Als Nebengipfel des Hinterhorns ist auch das Breithorn von Bedeutung. Darüber hinaus erhalten vor allem noch das Große Reifhorn sowie das Große Ochsenhorn als höchster Punkt der Loferer Steinberge regelmäßig Besuch. Mit dem Schärdinger Steig von Maria Kirchental gibt es hier zudem einen reizvollen Alternativzustieg. Bei all diesen Touren ist der erfahrene, ausdauernde Berggeher gefragt, der sein alpines Rüstzeug gelernt hat. Leichte Wandergipfel sind in den Loferer Steinbergen nämlich Mangelware, womit eigentlich nur der Brunnkopf bei Waidring sowie das Kirchel bei Hochfilzen in diese Kategorie fallen.

Die Felsgruppe der Loferer Steinberge in der Gesamtansicht

50 Großes Hinterhorn via »Nackter Hund«

Der moderne Klettersteig in den Loferer Steinbergen

K5, WF3

8 ¾ Std.

↑↓ 1700 Hm

Am »Nackten Hund« stehen steile Klettersteigpassagen bevor.

Charakter: Der Normalweg aufs Hinterhorn (hier im Abstieg) kann als wenig schwieriger Felssteig bezeichnet werden. Trittsicherheit ist nötig, die Hände werden aber kaum gebraucht. Anders am Nackten Hund: Der hervorragend versicherte Klettersteig zählt schon zu den schwierigeren seiner Art; exponierte Querungen verlangen absolute Schwindelfreiheit, senkrechte Aufschwünge zudem Kraft. Komplette Klettersteigausrüstung obligatorisch. Im Rahmen einer Tagestour sehr gute Kondition notwendig.
Bewertung: Hüttenanstieg W2, Klettersteig Nackter Hund K5, Abstieg über Normalweg WF3.

Ausgangspunkt: Parkplatz im Loferer Hochtal (ca. 830 m); Bushaltestelle 2 km talauswärts an der Straße Lofer–Pass Strub.
Höchster Punkt: Großes Hinterhorn (2504 m).
Hütten: Schmidt-Zabierow-Hütte (1966 m), DAV, Ende Juni–Ende September, Tel. (A)-06588/72 84.
Gehzeiten: Loferer Hochtal – Schmidt-Zabierow-Hütte 3 Std. – Wehrgrubenjoch 1 Std. – Gr. Hinterhorn 1 ½ Std. – Schmidt-Zabierow-Hütte 1 ¼ Std. – Loferer Hochtal 2 Std.; insgesamt 8 ¾ Std.
Aufstiegsmeter: Loferer Hochtal – Schmidt-Zabierow-Hütte 1140 Hm – Gr. Hinterhorn 560 Hm.

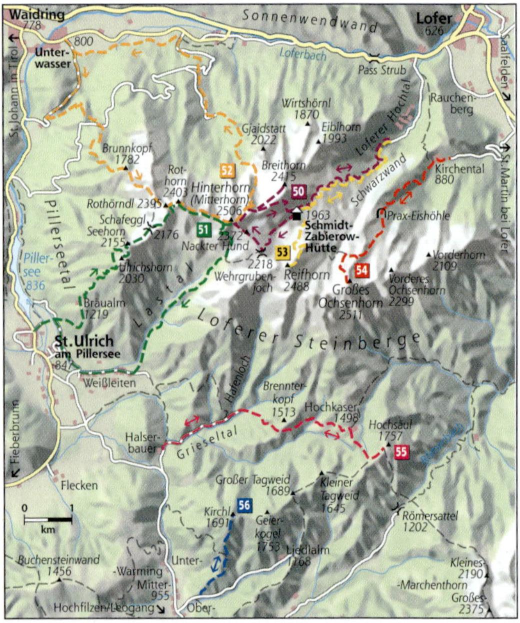

50

Zwar fehlen dem Großen Hinterhorn ein paar schlappe Meter zur »Krone« der Loferer Steinberge (diese gebührt dem Großen Ochsenhorn), doch handelt es sich hier sicherlich um den meistbestiegenen Gipfel der Gruppe. Kein Wunder, wird an diesem Berg doch jede Menge geboten. Ein geübter Wanderer steigt über den Normalweg via Waidringer Nieder hinauf, Klettersteig-Freaks freuen sich hingegen über die rassige Ferrata am Nackten Hund, die zwar nicht übermäßig lang ist, aber auf jeden Fall schon gehobenes technisches Niveau besitzt. Auf den packenden Nuaracher Höhenweg wird im nächsten Kapitel (→Tour 51) noch ausführlich eingegangen. So soll hier die Rundtour von der gemütlichen Schmidt-Zabierow-Hütte vorgestellt werden, die den anspruchsvollen Klettersteig als Aufstieg und die Normalroute als Abstieg wählt. Dass der Landschaftsgenuss schon beim Hüttenanstieg aus dem Loferer Hochtal beginnt und am aussichtsreichen Gipfel einen Höhepunkt erfährt, darf ausdrücklich betont werden.

Tipp

Ein stattlicher Nachbargipfel des Hinterhorns ist das **Breithorn (2413 m)**, das vor allem unter Kletterern einen guten Ruf besitzt. Der einfachste Anstieg führt von der Waidringer Nieder über den Südwestgrat. Er weist einzelne, nicht sonderlich ausgesetzte Kletterstellen bis zum II. Grad auf und ist mit Steinmandln markiert. Von der Waidringer Nieder hält man sich zunächst an die Geröllbänder links des Grates. Zwischendurch sind kurze Felsstufen zu erklettern, um auf das nächsthöhere Band zu gelangen. Dann wechselt man kurzzeitig auf die andere Seite und erklimmt die Grathöhe selbst. Über einige kurze Aufschwünge auf den breiten Gipfelrücken und zum Kreuz; 3/4 Std. ab Waidringer Nieder, Einstufung F4–5.

Aufstieg: Vom Parkplatz folgen wir Weg 601 aufwärts und weichen der unteren Steilstufe gleich links haltend aus. Unterhalb der Schwarzwand am Standort der längst verfallenen Steinberghütte (die in der Pionierzeit als Stützpunkt gedient hat) vorbei aufs Untere Trett. Nun mehr nach rechts, steigt der Weg in Kehren weiter an. Über die Geländeabstufungen des Mittleren und Oberen Trett erreicht man, zuletzt zunehmend über steinig-karstiges Terrain, die Schmidt-Zabierow-Hütte (1966 m) auf dem Gamskopf. Hinter der Hütte leicht abwärts in die Karstmulde der Großen Wehrgrube, die auf der rechten Seite durchquert wird. Über nackten Fels gegen das Wehrgrubenjoch (2218 m) hinan, das man steil über drahtseilgesicherte Passagen erreicht. Jenseits setzt sich Steig 613 ins Lastal fort. Wir folgen allerdings dem Gratkamm zur Rechten aufwärts, der uns zum Einstieg in den Klettersteig bringt. Ein Pfeil weist in Richtung eines nordostseitigen Bandes, wo die Sicherungen beginnen. Anfangs in luftiger Querung auf

50

teilweise unterbrochenen Bändern bis in die Gratscharte mit dem Felsgebilde »Heinrich und der Löwe«. Danach folgt eine Serie senkrechter Aufschwünge, die mit Drahtseilen, Klammern und Stiften bestens abgesichert ist. Zwischendurch gibt es immer wieder flache Absätze zum Verschnaufen. Die Route folgt direkt dem Südostgrat des Großen Hinterhorns (2504 m), das zuletzt über leichteres, geröllbedecktes Felsgelände gewonnen wird.

Abstieg: Vom Gipfel steigen wir in die leicht gebänderte Ostflanke ab und durchqueren sie parallel zum Gratverlauf in Richtung des Kleinen Hinterhorns (2369 m). Dieses links umgehend gelangt man in den Sattel der Waidringer Nieder (2302 m), wo von links der Griesbacher Steig (→Tour 52) einmündet. Weiter in leicht absteigender Querung durch die Steilflanken des Breithorns, anschließend in Serpentinen direkter hinab, wobei an zwei Stellen ein kurzes Seil gespannt ist. Aus einer Einsenkung in wenigen Minuten hinauf zur Hütte oder gleich talwärts über den bekannten Steig ins Loferer Hochtal.

Im Südostgrat des Hinterhorns befindet sich das Felsgebilde namens »Nackter Hund«.

Nuaracher Höhenweg

51

Grandiose Kammroute über ein halbes Dutzend Gipfel

FK4

10 Std.

↑↓ 1900 Hm

Charakter: Große, anstrengende Überschreitung in rauem Felsterrain, die absolute Schwindelfreiheit und Trittsicherheit, Gewandtheit im Fels, Orientierungsvermögen und nicht zuletzt enorme Ausdauer verlangt. Einige gesicherte Passagen, aber auch Stellen I. Ohne grundlegende Bergerfahrung geht's nicht!
Bewertung: Insgesamt FK4, auch für die Abstiegsroute vom Hinterhorn.
Ausgangspunkt: St. Ulrich am Pillersee (847 m); Busverbindung zwischen Waidring und Hochfilzen.
Höchster Punkt: Großes Hinterhorn (2504 m).
Hütten: Keine am Weg.
Gehzeiten: St. Ulrich – Ulrichshorn 3 Std. – Gr. Rothorn 2 $^{1}/_{2}$ Std. – Gr. Hinterhorn 1 Std. – Lastal – St. Ulrich 3 $^{1}/_{2}$ Std.; insgesamt 10 Std.
Aufstiegsmeter: St. Ulrich – Ulrichshorn 1200 Hm – Gr. Hinterhorn 700 Hm.
Skizze: Siehe Seite 152.

Der Nuaracher Höhenweg (nicht »Nurracher«, wie man ab und an liest) ist ein wahrer Kracher, vielleicht sogar die Königstour in den Loferer Steinbergen! Hat man erst einmal den dreistündigen Zustieg zum Ulrichshorn bewältigt, folgt ein aufregender Gang durch eine fesselnde Kalkalpenwelt, die mit allerlei Raffinessen aufwartet. Allenthalben hat der Karst als Baumeister gewirkt, zeigen sich eigenwillige Verwitterungsformen, im Großen wie im Kleinen. Der Kessel unter dem Großen Rothorn etwa, der für uns den anstrengendsten Abschnitt bereithält, ist ein Musterbeispiel dieses Landschaftstyps. Doch hauptsächlich lebt der Nuaracher Höhenweg von seinen Kontrasten, zu denen neben der herben Schönheit der Loferer Steinberge natürlich auch die immensen Ausblicke gehören. Vor allem gen Süden spannt sich die ganze Zeit ein unglaublich weiter Horizont auf, der erst von der fernen Skyline des Tauern-Hauptkammes begrenzt wird. Grüne Täler beruhigen derweil das Auge. Dass diese Tour alles andere als ein Spaziergang ist (wie aufgrund der Bezeichnung »Höhenweg« vielleicht der Eindruck erweckt werden könnte), sollte freilich auch Erwähnung finden. Nur wer mit unwegsamem Hochgebirgsterrain vertraut ist, auch mal kräftig zupacken kann und zudem über eine Bombenkondition verfügt, wird diese Überschreitung mit Freude und Genuss bewältigen.

Aufstieg zum Ulrichshorn: Von den Parkplätzen gegenüber der Kirche geht man eben durch die sumpfige Talniederung südlich

Der »Nuaracher« ist ein Panoramaweg der Extraklasse

des Pillersees an den Bergkörper heran. Nun auf Weg 612 eine ganze Weile im Wald empor. Dieser wird ab etwa 1500 m durch die Latschenzone abgelöst; bald ragen erste Felsen heraus. Man nähert sich dem Gipfelaufbau des Ulrichshorns (2050 m) und steigt über Bänder, Absätze und Rinnen (einige Drahtseile) zum ersten Gipfel des Tages auf. Einen besseren Tiefblick auf St. Ulrich gibt es nicht!

Übergang zum Hinterhorn: Nun beginnt der eigentliche Nuaracher Höhenweg. Auf eine kurze linksseitige Querung folgt der Überstieg auf die sonnenbeschienene Ostseite, wo die Route am Felssockel teilweise versichert gegen das Seehorn (2155 m) ansteigt. Nach diesem Gipfel meist am Grat weiter, durch einen gesicherten Riss abwärts und die so genannte Truhe sowie die Adolarisscharte (2115 m) tangierend wieder leicht bergauf zum Schaflegg (2175 m). Vor dem Aufschwung des Rothörnls läuft die Markierung nach rechts in die Südostflanke. Nach dieser Querung gelangt man in einen eindrucksvollen Kessel, der in den Abhängen des Großen Rothorns eingelagert ist. In leichter Kletterei geht es über nackte, wasserzerfressene Fels- und Schuttabsätze steil aufwärts bis unter die Grateinsattelung zwischen Rothörnl und Großem Rothorn. Ein Abstecher auf das Rothörnl (2394 m) ist von hier aus in wenigen Minuten möglich. Danach steigen wir über das Große Rothorn (2409 m) zum nur wenig niedrigeren Ostgipfel und über den von Karren und Dolinen zerklüfteten Kamm bzw. entlang einem südseitigen Band zur Ulricher Nieder (2315 m). Der nächste Gegenanstieg führt durch die gebänderte Westflanke des Mitterhorns. Ein Stück höher können wir uns zwischen der Normalroute und einem grün markierten Klettersteig entscheiden. Ein markantes Band leitet anschließend um das vorgelagerte Mitterhorn (2483 m) herum, ehe man zuletzt von Osten den Gipfel des Großen Hinterhorns (2504 m) besteigt.

Abstieg: Wer konditionelle Probleme verspürt, sollte unbedingt den Abstieg über den Normalweg zur Schmidt-Zabierow-Hütte (1966 m) in Erwägung ziehen (→Tour 50). Von dort kann man tags darauf übers Wehrgrubenjoch (2218 m) in 4 Std. nach St. Ulrich zurückkehren. Der direkte Abstieg bedient sich hingegen des Klettersteigs am Südwestgrat des Mitterhorns. Einige Leitern führen über Felsstufen hinweg. Anschließend links in die steile Flanke über der Schneegrube, die gegenüber vom Nackten Hund überragt wird. Geschickt nutzt die Route Schwachstellen aus und gelangt allmählich in den manchmal schneegefüllten Trichter. Aus diesem heraus wird bald der vom Wehrgrubenjoch kommende Steig 613 aufgenommen, ehe es weiter steil hinab ins raue Lastal geht. Man hält sich an einen kleinen Rücken, der links und rechts von wilden Gräben flankiert wird.

Im unteren Lastal wird es gemütlicher, der Weg verflacht sich und läuft im Ortsteil Weißleiten aus. Von dort ist es noch ca. ½ Std. auf Straßen und Spazierwegen zurück zum Parkplatz in St. Ulrich.

Die Gipfelfelsen des Rothörnls

52 Rothörnl – Großes Hinterhorn

Zünftige Überschreitung von Waidring über den Rothörnl-Klettersteig

FK4–5

11 Std.

↑↓ 1900 Hm

Charakter: Wanderweg bis zum Brunnkopf, anschließend abschüssiges Schrofengelände und leichte Kletterei über gestuften Fels (trotz Sicherungen bis II) zum Rothörnl. Auch die Gratüberschreitung zum Hinterhorn sowie der Griesbacher Steig im Abstieg verlangen zumindest ausgeprägte Trittsicherheit und Erfahrung mit rauem Alpingelände. Durchgängig, aber mitunter spärlich markiert. Insgesamt ziemlich anspruchsvoll, zumal auch gewaltige Kondition vonnöten.
Bewertung: FK4–5 am Rothörnl-Klettersteig (bis Brunnkopf nur W2–3); Griesbacher Steig WF3–4.

Ausgangspunkt: Waidring, Ortsteil Unterwasser (ca. 800 m), Parkmöglichkeit nahe der Schefferau-Kapelle; Busverbindung mit Lofer – Kitzbühel.
Höchster Punkt: Großes Hinterhorn (2504 m).
Hütten: Keine am Weg.
Gehzeiten: Waidring – Brunnkopf 3 Std. – Rothörnl 2 ½ Std. – Gr. Hinterhorn 1 ½ Std. – Griesbacher Steig – Waidring 4 Std.; insgesamt ca. 11 Std.
Aufstiegsmeter: Waidring – Brunnkopf 1000 Hm – Rothörnl 620 Hm – Gr. Hinterhorn 280 Hm.
Skizze: Siehe Seite 152.

Das dritte Kapitel, welches dem Großen Hinterhorn und seinen Routen gewidmet ist – deutlicher Beweis für den außerordentlichen Facettenreichtum dieses Berges. Diesmal geht's von Waidring aus, auf dem vielleicht ungewöhnlichsten, insgesamt wohl auch anspruchsvollsten Anstieg via Brunnkopf und Rothörnl, wobei an Letzterem schon deftig hingelangt werden muss. Danach mündet die Route in den oberen Teil des Nuaracher Höhenweges und überschreitet mit ihm das Hinterhorn, um sich an der Waidringer Nieder wieder zu trennen. Für das Bergab steht dann noch der gleichfalls ziemlich ruppige Griesbacher Steig bevor, der zurück nach Waidring leitet. Summa summarum ein elfstündiges Bergerlebnis voller Spannung – typisch Loferer Steinberge eben.

Aufstieg: Zu Beginn auf einer Forststraße an der Schefferau-Kapelle vorbei und in einer weiten Linksschleife sowie einigen Serpentinen zur Kitzgraben-Jagdhütte (1181 m) empor (stets gute Beschilderung »Brunnkopf«). Hier zweigt nun ein kleinerer Steig ab, der etwas rechts ausholend durch Bergwald in die Latschenzone unterm Brunnkopf hinaufzieht. Dieser wird schließlich über eine versicherte Schrofenpassage erstiegen. Für reine Wanderer ist der Brunnkopf (1799 m) bereits ein dankbarer Aussichtspunkt 1000 m über dem Waidringer Tal und die Endstation ihres Aufstiegs. Denn

52

rückseitig prangen die hohen, schroffen Felsflanken der Loferer Steinberge. In dieses von Rippen und Rinnen gegliederte Steilschrofengelände geht es nun hinein. Bei der Einsattelung hinter dem Brunnkopf zweigt eine schwache Spur Richtung Elferhörnl/Baumannl ab; wir halten uns hingegen rechts und queren auf schrofigen Bändern und Terrassen in leichtem Auf und Ab weit nach Südosten. Diverse Rippen passierend erreichen wir eine seichte Hangmulde, in der es etwas undeutlich aufwärts geht, bevor sich die Rechtsquerung bis zu einer Gabelung unterhalb des Rothörnls fortsetzt.

Falls man den bevorstehenden Klettersteig vermeiden will, kann man sogar noch weiter bis zum Schaflegg (2175 m) queren, um dort in den Nuaracher Höhenweg einzufädeln. Ansonsten jetzt in steilem Felsterrain über mehrere Stufen (I und II) bergauf. Gebänderte Absätze, wie sie charakteristisch für die Gegend sind, unterbrechen die Kletterei – Achtung auf loses Geröll. Schließlich setzen auch Sicherungen ein. Über ein Wandl in eine nischenartige Felseinbuchtung, aus welcher der Klettersteig nach links über eine schräge Verschneidung herausführt. Letzte Felsstufen bringen uns zum Gipfel des Rothörnls (2394 m), wo erstmals der Blick nach Osten frei wird. Jenseits an Sicherungen kurz abwärts in die Scharte vor dem Großen Rothorn und auf den Nuaracher Höhenweg einmündend zu diesem hinauf. Danach weiter wie in Tour 51 beschrieben zum Großen Hinterhorn (2504 m) hinüber.

Abstieg: Zunächst auf dem Normalweg zur Waidringer Nieder (2302 m), wo der Griesbacher Steig scharf links abzweigt. Er leitet über vorherrschend schuttbedeckte Felshänge geschickt tiefer, wobei vereinzelt Drahtseile Hilfestellung leisten, aber auch kurze Stufen im I. Grad gemeistert werden müssen. Von der Verflachung auf der Spornhöhe der »Guten Wand« nach rechts abwärts in einen steilen Kartrichter. Das Gelände bleibt bis weit hinunter rau und schuttig, erst ab ca. 1650 m wird es zunehmend vegetationsbedeckt. Hier auf besser werdendem Steig vorübergehend etwas links ausholend, dann wieder auf der rechten Seite des Einschnitts an der Griesbachsteigquelle vorbei bis zur Unterstandshütte nahe der Jägeralm im Aschertal hinab. Zum Schluss noch längere Zeit auf Forststraßen (Beschilderung »Waidring«) sowie einem im Tal entlang führenden Spazierweg zurück zum Ausgangspunkt.

53 Großes Reifhorn

Loferer Schaustück zwischen beiden Wehrgruben

F4

8 Std.

↑↓1720 Hm

Charakter: Abwechslungsreiche, ordentlich markierte Felsroute mit leichten Kletterstellen, die bis zum Kreuz den I. Grad aber nicht übersteigen. Am Hauptgipfel eine kurze Stelle II. Das raue Gepräge macht Trittsicherheit und etwas Felserfahrung unbedingt notwendig.
Bewertung: F4.
Ausgangspunkt: Parkplatz im Loferer Hochtal (ca. 830 m); Bushaltestelle 2 km talauswärts an der Straße Lofer–Pass Strub.
Höchster Punkt: Großes Reifhorn (2487 m).
Hütten: Schmidt-Zabierow-Hütte (1966 m), DAV, Ende Juni–Ende September, Tel. (A)-06588/72 84.
Gehzeiten: Loferer Hochtal – Schmidt-Zabierow-Hütte 3 Std. – Gr. Reifhorn 1 3/4 Std. – Schmidt-Zabierow-Hütte 1 1/4 Std. – Loferer Hochtal 2 Std.; insgesamt 8 Std.
Aufstiegsmeter: Loferer Hochtal – Schmidt-Zabierow-Hütte 1140 Hm – Gr. Reifhorn 580 Hm.
Skizze: Siehe Seite 152.

Zu den großen Gipfeln der Loferer Steinberge gehört auch das Reifhorn – es nimmt in puncto Höhe nach dem Ochsenhorn und dem Hinterhorn den dritten Platz ein. Freilich handelt es sich dabei um Marginalitäten im Meterbereich. Nach Auffassung des Autors bietet das Reifhorn einen besonders schönen, etwas verwinkelten Anstieg mit überraschenden Durchschlupfen sowie ein interessantes Panorama im Herzen der Loferer Steinberge. Neben den faszinierenden Nahimpressionen besticht auch die Fernsicht über Salzburgs und Tirols Bergwelt sowie hinaus ins Voralpenland. Wenn gewöhnlich auch nur das Kreuzreifhorn bestiegen wird, so sei hier doch der Hinweis auf den gut 20 m höheren Hauptgipfel nicht verschwiegen.

Aufstieg: Zunächst wie bei Tour 50 beschrieben zur Schmidt-Zabierow-Hütte (1966 m). Von dort in östlicher Richtung kurz abwärts. Während die Hauptroute weiter in Richtung Kleine Wehrgrube und zum Ochsenhorn zieht, weist rechts eine Markierung zum Reifhorn. Über nackte Karren gleich ordentlich bergauf. Man hält sich rechts der markanten »Nas'n« (Nordostsporn) und steigt in die gebänderte Steilflanke ein. Ohne die Markierung wären die günstigsten Durchschlüpfe gar nicht so leicht zu finden. Über eine Reihe von Stufen (I) auf ein breites Schuttband, das oberhalb der Nas'n um die Kante herumführt. Auf der Südostseite folgen weitere, z. T. noch spärlich bewachsene Bänder, die schräg durch

Hinter der Schmidt-Zabierow-Hütte ragt das Reifhorn auf.

die Flanke oberhalb der Kleinen Wehrgrube ansteigen. Zwischendurch gibt es eine kurze senkrechte Unterbrechungsstelle, die mit Trittbügeln gangbar gemacht wurde. Eine steile Rinne (I) vermittelt schließlich den Aufstieg in die Weinscharte am Gipfelgrat. Nach rechts gelangt man über kleine Felsabsätze rasch zum Kreuzreifhorn (2466 m); zum Hauptgipfel ist links aus der Scharte heraus ein kleiner Wulst (II) zu erklettern, dann auf einem Band nach rechts, durch eine Rinne zurück auf den Gipfelgrat und zum höchsten Punkt (2487 m).

Abstieg: Wie Aufstieg. Vor Experimenten wie einem Direktabstieg in die Kleine Wehrgrube sei ausdrücklich gewarnt.

54 Großes Ochsenhorn

Von Maria Kirchental über den Schärdinger Steig

F4

7 ½ Std.

⇅ 1650 Hm

Charakter: Schon am ruppigen Schärdinger Steig ist etwas Trittsicherheit gefragt, am Gipfelaufbau anhaltende Kletterei im I. Grad, teils ausgesetzt, aber ausreichend markiert.
Als Tagestour gute Kondition vonnöten, sonst kann auch der Zustieg über die Schmidt-Zabierow-Hütte erwogen werden.
Bewertung: F4 in der Gipfelflanke, auch beim Zustieg über den Schärdinger Steig bereits W3.
Ausgangspunkt: Maria Kirchental (880 m), erreichbar auf einer Mautstraße von St. Martin bei Lofer (zu Fuß gut ½ Std., 230 Hm).
Höchster Punkt: Großes Ochsenhorn (2513 m).
Hütten: Bis auf die Biwakschachtel keine; bei der Variante: Schmidt-Zabierow-Hütte (1966 m), DAV, Ende Juni–Ende September, Tel. (A)-06588/72 84.
Gehzeiten: Kirchental – Gr. Ochsenhorn 4 ½ Std. – Kirchental 3 Std.; insgesamt 7 ½ Std.
Aufstiegsmeter: Kirchental – Gr. Ochsenhorn 1650 Hm.
Skizze: Siehe Seite 152.

Als höchster Gipfel der Loferer Steinberge erhält das Große Ochsenhorn natürlich regelmäßig Besuch, ohne jedoch überlaufen zu sein. Immerhin braucht man eine gediegene Kondition und muss das etwas abschreckend wirkende Felsterrain souverän beherrschen. Egal, ob man von der Schmidt-Zabierow-Hütte aus aufsteigt oder den stillen Schärdinger Steig wählt – spätestens in der ausgesetzten Gipfelflanke geht's ordentlich zur Sache. Als Lohn für die Mühseligkeiten darf man sich auf eine wirklich

Tipp

Vom Ansatz der Gipfelflanke kann auch die Schmidt-Zabierow-Hütte angesteuert werden. Dazu durchschreiten wir in einem Rechtsbogen die Kleine Wehrgrube (Abstecher zum sommers selten bestiegenen Skihörnl möglich) und queren anschließend im Auf und Ab über das verkarstete, mit einigen Latschen durchsetzte Terrain unter der Reifhorn-Nas'n zur Hütte. Von dort führt der Abstieg durchs Loferer Hochtal Richtung Lofer; über den Wechsel (1048 m) ist auch eine etwas umständliche Verbindung nach Maria Kirchental gegeben. Meist ist eine Durchführung in umgekehrter Richtung (mit Hüttenübernachtung) vorteilhafter. In diesem Fall sind ab Hütte 2 ½ Std. bis zum Gipfel zu veranschlagen.

54

phänomenale Aussicht freuen, die neben weit entfernten Bergzügen wie den Hohen Tauern oder dem Dachstein einen Großteil des in diesem Führer behandelten Gebiets umfasst.

Aufstieg: Von der Wallfahrtskirche Maria Kirchental dem Schärdinger Steig (Nr. 613) folgend durch den Bergwald aufwärts. Der Steig wird schon bald recht steil und weist bei Nässe unangenehm schmierige Passagen auf. Wir kommen an einer Quelle vorbei und halten uns leicht links in lichtere Waldbestände. Auch diese bleiben schließlich zurück, ehe wir eine kleine Biwakschachtel (ca. 1790 m) passieren und das Geröllkar der Großen Schneegrube erreichen. Aus dem hinteren Winkel nach rechts über steile Karren zu einem Gratüberstieg südlich des Sattelhorns. Jenseits einige Meter absteigen, bis nach links die Gipfelroute zum Ochsenhorn abzweigt. Über Schutt und leichte Felsen steil bergauf. Im Detail ist der Anstieg durch die Nordwestflanke recht verwickelt, aber durchwegs gut markiert. Zahlreiche Absätze werden überwunden, dann führt ein System von Rinnen zum Grat empor, den man bald nach links überwindet, um durch eine brüchige Steilrinne (Schlüsselpassage) weiterzukommen. Schließlich links haltend über letzte Felsstufen zum Gipfel des Großen Ochsenhorns (2513 m).

Abstieg: Wie Aufstieg, falls man nicht dem Alternativvorschlag im »Tipp« folgen möchte.

Die Loferer Steinberge mit ihrem höchsten Gipfel, dem großen Ochsenhorn, von Süden gesehen

55 Hochsäul

Klein, aber widerborstig zwischen Loferer und Leoganger Steinbergen

W3–4

6 Std.

↑↓1000 Hm

Charakter: Aufgrund des dichten Latschenkleides und einiger wilder Gräben sehr ruppiges, beschwerliches Gipfelziel. Routengespür, Trittsicherheit und jede Menge Beharrlichkeit und Gleichmut im »Kampf« mit dem Krummholz erforderlich. Markierung nur bis Hochkaser, dann kaum Spuren, somit bei Nebel schlechte Orientierungsmöglichkeiten.
Bewertung: W3–4 bei gutem Finden der Durchschlupfe.

Ausgangspunkt: Halserbauer (Jausenstation Grieseltal, 950 m); Abzweig von der Straße St. Ulrich–Hochfilzen.
Höchster Punkt: Hochsäul (1756 m).
Hütten: Keine.
Gehzeiten: Halserbauer – Hochkaser 2 ½ Std. – Hochsäul 1 Std. – Halserbauer 2 ½ Std.; insgesamt 6 Std.
Aufstiegsmeter: Halserbauer – Hochsäul 900 Hm – Halserbauer 100 Hm.
Skizze: Siehe Seite 152.

Die Hochsäul befindet sich geradezu in einer Idealposition zwischen den hoch aufragenden Felsgipfeln der Loferer und Leoganger Steinberge. Doch uneingeschränkt empfehlen kann man dieses mit einem üblen Latschenverhau überzogene Gipfelchen keinesfalls. Die Hochsäul ist eher etwas für hartgesottene Krummholzspezialisten, die sich auch ohne ausgebauten Weg zurechtfinden. Man lasse sich auf keine waghalsigen Experimente in der von bröseligen Gräben durchschnittenen Nordflanke ein.

Aufstieg: Auf einer Forststraße zunächst leicht ansteigend ins Grieseltal hinein. Kurz nach der Abzweigung zur Schießlingalm nach rechts auf kleinem, gut angelegtem Pfad zum bewaldeten Riedel am Brennter Kopf empor. Jenseits folgt eine Abwärtsquerung nach links in den Hirschbadgraben, über dem der Niederkaser (1381 m) steht. Weiter aufwärts zum Wiesensattel mit dem Hochkaser (1499 m). Nun einem unbezeichneten Pfad folgend südwärts, wobei man sich stets rechts eines nahen Grabeneinschnitts hält. In aufsteilendem Gelände verlieren sich die Spuren zeitweise, doch erreicht man ohne besondere Hürden die jenseits steil abbrechende Kammhöhe bei der Doidlnieder (Schild: »Militärisches Sperrgebiet«). Nun muss man sich linker Hand einen Weg durchs Latschendickicht bahnen. Anfangs dem Kamm nahe seiner Abbrüche folgend, wird später teilweise nordseitig ausgewichen und nach besten Möglichkeiten und Augenmaß bis zum Gipfel der Hochsäul (1756 m) angestiegen.

Abstieg: Wie Aufstieg. Alles andere kann gefährlich werden.

Kirchel

56

Kleiner, latschenbewachsener Luginsland oberhalb Hochfilzen

Charakter: Zu Beginn teils Forststraße, überwiegend aber schmaler, auch überwachsener Pfad, bei Nässe abzuraten.
Bewertung: W2.
Ausgangspunkt: Oberwarming (955 m), Parkplatz am Lahnbach, 1 km nordwestlich von Hochfilzen (dort Bahnanschluss).
Höchster Punkt: Kirchel (1692 m).
Hütten: Keine.
Gehzeiten: Oberwarming – Kirchel 2 Std. – Oberwarming 1 ½ Std.; insgesamt 3 ½ Std.
Aufstiegsmeter: Oberwarming – Kirchel 740 Hm.
Skizze: Siehe Seite 152.

W2

3 ½ Std.

↑↓740 Hm

In der Südwestecke der Steinberge dominieren ausgedehnte Wälder mit tiefen Grabeneinschnitten und eher sanften, latschenüberzogenen Gipfelzügen. Viel macht das Kirchel oberhalb von Hochfilzen nicht gerade her, auch ist der eintönige Aufstieg nicht unbedingt von packenden Szenerien bestimmt. Aber eine nette Gipfelaussicht gibt's allemal, und das ist für den bestenfalls einen halben Tag ausfüllenden Ausflug doch schon was wert.

Aufstieg: Auf dem Wirtschaftsweg am Lahnbach entlang, noch vor dem Eintritt in den Liedlgraben aber links über einen Wiesenrücken bergauf. Man kreuzt mehrmals eine Forststraße (auf dieser u. U. angenehmeres Vorankommen) und gelangt zu einer Art Sattel, wo mehrere Fahrwege zusammentreffen. Nun auf schmalem Pfad über bewaldete Südhänge aufwärts, im Bereich von Lichtungen durch hohen Grasbewuchs und zuletzt durch Latschenterrain zum Gipfelkreuz, das auf einem südlichen Vorsprung steht.

Abstieg: Wie Aufstieg.

Die latschenüberzogene Hochsäul vom Hochkaser gesehen

Leoganger Steinberge

Pralle, steile Südabstürze und große Karmulden auf der Nordseite, von denen das Ebersbergkar in seiner gewaltigen Ausdehnung besonders heraussticht, prägen das Antlitz der Leoganger Steinberge. Ihre Hauptkette zieht von West nach Ost, ist aber durch mehrere Zweiggrate stark gegliedert. Als isoliert stehender Gebirgsstock erfahren die Leoganger Steinberge deutliche Begrenzungen: Richtung Berchtesgadener Alpen im Saalachtal, südseitig zu den Kitzbüheler Alpen im Leoganger Tal und gegenüber den Loferer Steinbergen schließlich in der Achse Hochfilzen – Römersattel – Obsthurn. Anders als bei diesen beherrscht mit dem Birnhorn ein einziger Berg die Gruppe. Obwohl sich das Hauptinteresse auf das Birnhorn und seine unmittelbare Umgebung konzentriert, gibt es für den trittsicheren Berggeher, der mit den allgegenwärtigen, ziemlich ruppigen Gegebenheiten umzugehen versteht, noch andere lohnende Unternehmungen.

Die Südbastion der Leoganger Steinberge

Wie die Loferer Steinberge besitzen auch die Leoganger nur einen einzigen Hüttenstützpunkt, und zwar die Passauer Hütte, die knapp oberhalb der Mittagsscharte, auf der Ostseite des Birnhorns, gelegen ist. Dieses wird dann meist von dort aus über das Melkerloch und den verwickelten Hofersteig bestiegen, mit Abstieg über die Kuchelnieder zurück zur Passauer Hütte. Eine wahre Paradetour der gesamten Nördlichen Kalkalpen! Im Jahr 2004 ist einen Steinwurf entfernt an der Westlichen Mitterspitze eine brandneue und sehr rassige Klettersteig-Überschreitung installiert worden – als erster Anflug moderner Zeiten in den Leogangern. Sonst herrscht hier freilich eher das »klassische« Bergsteigen vor, speziell wenn man an die verschiedenen Gratausläufer denkt, welche die urwüchsigen und abgeschiedenen Hochkare umkränzen. Manche der abweisend erscheinenden Gipfelzacken sehen vielleicht jahrelang keine Besucher.

Im Rahmen dieses Führers kann natürlich nicht im Detail darauf eingegangen werden (zumal die potenziellen Nutzer ja an einer

Hand abzuzählen wären) – zwei besonders anregende Touren solchen Kalibers sollen aber unbedingt vorgestellt werden: Zum einen erscheint dem Autor das Große Rothorn (nicht zu verwechseln mit dem gleichnamigen Gipfel in den Loferer Steinbergen!) als exzellenter Aussichtspunkt eine ausführliche Beschreibung wert; zum anderen ist es der lange Übergang von Grießen via Grießener Hochbrett, Hundshörnl und Ritzenkarscharte bis nach Leogang. Wer zu diesen anspruchsvollen Zielen aufbricht, wird in der Regel in Einsamkeit unterwegs sein.

57 Großes Rothorn

»Geheimtipp« über dem Ebersbergkar

FW4

8 ½ Std.

↑↓1770 Hm

Charakter: Weitgehend wegloser Aufstieg in sehr ursprünglicher Umgebung, der einiges an Bergerfahrung und Ausdauer erfordert. Im oberen Teil nur durch einige Steindauben angezeigte Route mit kurzen Felsstufen; der II. Grad sollte vorsorglich beherrscht werden. Gutes Geländebeurteilungsvermögen und Sicherheit abseits von Wegen wichtig; nicht bei schlechter Sicht unternehmen!
Bewertung: FW4, falls man die Route optimal findet.
Ausgangspunkt: Frohnwies (670 m) nahe Weißbach im Saalachtal; Bushaltestelle zwischen Lofer und Saalfelden.
Höchster Punkt: Großes Rothorn (2442 m).
Hütten: Keine.
Gehzeiten: Frohnwies – Obere Ebersbergalm 2 Std. – Haitzmannschartl 1 ½ Std. – Großes Rothorn 1 ¾ Std. – Frohnwies 3 ¼ Std.; insgesamt 8 ½ Std.
Aufstiegsmeter: Frohnwies – Ebersbergalm 750 Hm – Großes Rothorn 1020 Hm.
Skizze: Siehe Seite 177.

Das markante Große Rothorn erhält nur selten Besuch.

Der Gipfel ist auffällig, verspricht eine tolle Aussicht (und hält sie auch), taugt in vollem Maße zur Befriedigung bergsteigerischer Bedürfnisse – und ist dennoch kaum bekannt. Mehr als ein paar Dutzend Besuche pro Jahr erhält das Große Rothorn über dem Ebersbergkar nicht, und falls man hier überhaupt jemandem begegnet, kann es schon mal passieren, dass gewisse Eifersüch-

57

teleien zum Ausdruck kommen, nach dem Motto: »Dieser Berg gehört mir!« Nun erdreistet sich der Verfasser, diesen »Geheimtipp« trotzdem zu veröffentlichen, und er hat kein schlechtes Gewissen dabei, weil er sich sicher ist, dass dies nicht im Geringsten zu Massenauftrieben führen wird, und weil er jedem, der die Mühen auf sich nimmt, dieses exklusive Bergerlebnis gönnt. Wer dies tut, sollte aber auf jeden Fall mit derlei weglosen Unternehmungen vertraut sein.

Jagdhütte auf der idyllischen Ebersbergalm

Aufstieg: Vom Gasthaus Frohnwies über die Saalach zum Hackerbauern. Bei der Forststraße oberhalb zweigt ein guter Waldsteig zur Oberen Ebersbergalm (1424 m) ab. Nach einer Weile nochmals kurz auf der Straße, dann in vielen Kehren zur Lichtung mit der Jagdhütte und den verfallenen Almhütten hinauf; bis hierher bezeichnet. Rechts führt jetzt ein unmarkierter, aber noch gut erkennbarer Pfad weg, der unter dem Kaserriedl entlang aufwärts quert. Bis unter das Haitzmannschartl (1897 m) findet man noch eine Zeit lang eine Andeutung von Steig (teils etwas überwachsen), das letzte Steilstück in den engen Einschnitt wird dann weglos bewältigt. Nun an den breiten Nordostrücken des Rothorns heran. Gras und Schrofen prägen die erste Hälfte, einem Latschenfeld kann günstig links ausgewichen werden. Stets den Steinmännchen folgend laviert man bergwärts, überwindet eine erste Steilstufe und gelangt allmählich in felsig-schuttiges Gelände. Bis zum Gipfel müssen wir noch ab und zu die Hände zur Hilfe nehmen, schwierigere Kletterei wird aber auf der günstigsten Linie nicht verlangt. Man erreicht den kreuzgeschmückten Vorgipfel (2408 m) und kann je nach Lust und Laune noch über den Verbindungskamm zum höchsten Punkt (2442 m) hinüberkraxeln.

Abstieg: Entlang derselben Route, dabei immer sorgfältig auf die Steindauben achtend. Verzwicktere Passagen sollte man sich schon beim Aufstieg gut einprägen.

58 Grießener Hochbrett – Ritzenkarscharte

Große Überschreitung in den westlichen Leogangern

WF4

9 1/2 Std.

↑1860 Hm
↓2000 Hm

Charakter: Anspruchsvolle Überschreitung, die zwar weitgehend markiert ist, aber selten auf richtigen Wegen verläuft. Stellenweise leichte Kletterei (I) erforderlich. Erfahrung im Umgang mit Steilschrofen, -schutt und karstigem Terrain wichtig, ebenso Orientierungssinn und großes Durchhaltevermögen. Bei Hitze sehr anstrengend, bei Nebel und Schlechtwetter sogar gefährlich.
Bewertung: Zum Grießener Hochbrett WF3, Übergang zur Ritzenkarscharte WF4, Abstieg nach Leogang WF3–4.
Ausgangspunkt: Grießen (956 m), Bus- und Bahnhaltepunkt an der Strecke Saalfelden – Leogang – Hochfilzen – St. Johann.
Endpunkt: Leogang, knapp östlich der Asitzbahnen (ca. 820 m).
Höchster Punkt: Nördliches Hundshörnl (2481 m).
Hütten: Keine.
Gehzeiten: Grießen – Grießener Hochbrett 4 1/4 Std. – Hundshörnl 1 1/4 Std. – Ritzenkarscharte 1 1/4 Std. – Leogang 2 3/4 Std.; insgesamt 9 1/2 Std.
Aufstiegsmeter: Grießen – Grießener Hochbrett 1510 Hm – Ritzenkarscharte 350 Hm.
Skizze: Siehe Seite 177.

Wer das Wesen der »Steinberge« aufs Intensivste kennen lernen will, sollte diese Tour im einsamen Westteil der Gruppe unternehmen. Sie ist – wen wundert's? – lang und beschwerlich, bietet aber im Gegenzug wahrhaft wilde Szenerien aus einer kalkalpinen Urlandschaft. Oft sieht man nichts außer Steine, doch in einer so gewaltigen Menge und Anordnung, dass man aus dem Staunen einfach nicht herauskommt. Dann wieder Fernblicke bis zu den gleißenden Gletschern der Tauern sowie in grüne Täler, die hier oben so weit entrückt scheinen. Gehörige Portionen alpiner Standfestigkeit und Ausdauer sind für dieses Unternehmen unabdingbar. Denn schon der Aufstieg zum Grießener Hochbrett ist eine ausgewachsene Bergtour von gut 1500 Hm – und das ist erst der Anfang. Begleitet von den zerscharteten Dreizinthörnern durchschreiten wir die abgelegene Schneegrube, übersteigen die nächste mächtige Gratrippe im Bereich des Hundshörnl, queren anschließend durchs oberste Ebersbergkar und begeben uns schlussendlich in einem nicht enden wollenden Steilabstieg durchs hitzeflirrende Ritzenkar hinab ins Tal. Eine große Tour!

Jäh aufschießender Fels beim Abstieg durchs Ritzenkar

58

Aufstieg zum Grießener Hochbrett: In Grießen zunächst zu den Anwesen von Hartl, wo der Aufstieg beginnt. Über eine steile Wiese in den Wald und dort in engen Windungen aufwärts bis zur Grießener Schafalm (1508 m). Am nahen Kammrücken verkündet ein Schild des Militärs »Betretungsverbot«, doch ein paar Meter weiter steht ein Wegweiser, der das Grießener Hochbrett ausweist. Nicht täuschen lassen: Von hier sind es noch gut 2 ½, nicht 1 ½ Std. Wir folgen dem Pfad über den breiten Rücken, vorerst noch durch lichten Wald, später dann durch Krummholzbestände. Vom Hochdurrachkopf (1722 m) wenige Meter abwärts in eine Senke, anschließend steiler bergauf zur Kammerhebung der Jungfrau (1910 m). Nach einer Verflachung steilt das Gelände abermals deutlich auf, wird zudem mehr und mehr von Schutt geprägt. Links des nun ausgeprägteren Grates mühen wir uns bis ins Grießener Rotschartl (2320 m) empor, von dem jenseits Markierungen in eine steile Geröllrinne hinableiten. Doch ziehen wir die Überschreitung des Grießener Hochbretts (2467 m) vor. Dazu rechter Hand unterhalb des schroffen Nordwestgrates über eine schuttbedeckte, bandartige Rampe (Fixseil) aufwärts bis zum Gipfel, auf dem sich ein großartiges Panorama öffnet.

Übergang zur Ritzenkarscharte: Vom Grießener Hochbrett kann man direkt über Steilschutt in die obere Schneegrube absteigen – nach dem Hinweisschild am Gipfel gibt es jedoch keine Markierungen, sondern allenfalls Trittspuren, die sich im Kar verlieren. Man durchquert die Schneegrube über Firnfelder und grobes Blockwerk und peilt eine horizontale Geröllspur am Gegenhang unterhalb des Kugelkopfes an. Die Linksquerung in den dortigen Schuttreißen ist zwar etwas unangenehm, erspart allerdings weiteren Höhenverlust. Zu unserer Freude treffen wir am Ende der Traverse wieder auf die roten Punkte der Variante übers Rotschartl. Nun links ausholend in steiles Felsterrain und durch eine Rinne (I) auf die Grathöhe am Nördlichen Hundshörnl (2481 m). Auf der Ostseite über eine leichtere Flanke bergab, anschließend die Reisensandscharte tangierend und über typisches, von Klüften durchzogenes Karrengelände allmählich wieder vornehmlich leicht aufwärts.

Tipp

Von der Ritzenkarscharte ist eine Verbindung via Kuchelnieder (2437 m) zur Passauer Hütte möglich; die Gehzeit beträgt etwa 1 ½ Std. (→Tour 59).

Die zerscharteten Dreizinthörner

Wir befinden uns hier im obersten Ebersbergkar, dessen Kargheit beeindruckend ist. Das Gelände ist unschwierig, aber etwas unübersichtlich und je nach Jahreszeit noch mit Schneefeldern durchsetzt. Nördlich unterhalb der Randgipfel (Rothörnl und Schaleithörner, getrennt durchs Leoganger Rotschartl) erreichen wir in östlicher Richtung – stets die Birnhorn-Westflanke im Blick – den Einschnitt der Ritzenkarscharte (2417 m).

Abstieg: Aus der Scharte südwärts in den wilden Steiltrichter des Ritzenkars hinab. Den Markierungen folgend im Hin und Her über Schutt und Felsen, wobei kurze Stellen sogar etwas Kletterei erfordern. Nach den obersten gut 200 Hm nimmt die Neigung etwas ab, auf ca. 2000 m taucht erstes, spärliches Grün auf. Schwache Spuren leiten weiter bergab, ehe in der Latschenregion der Steig deutlicher wird. Bei der Verzweigung oberhalb eines unzugänglichen Grabens nehmen wir den Weg nach rechts, der nach einer Querung durch Wald zur Reiteralm (1117 m) hinabführt. Links wäre eine Variante über die Riedlalm möglich. Ein Güterweg bringt uns schließlich das letzte Stück ins Leoganger Tal.

Birnhorn

59

Auf den Hauptgipfel der Leoganger Steinberge

F4

8 ½ Std.

↑↓1760 Hm

Charakter: Gut angelegter, aber langer und sonnenexponierter Hüttenanstieg, anschließend markierte Felsroute (zahlreiche Stellen I) durch eine reich gegliederte Wand. Die Abstiegsroute ist von vergleichbarer Schwierigkeit; einige Passagen sind versichert. Nur für Bergerfahrene, die absolute Schwindelfreiheit und Trittsicherheit besitzen.
Bewertung: W2–3 für den Hüttenzustieg, F4 für die Gipfeltour (beide Routen).
Ausgangspunkt: Leogang, Parkplatz 1 km nordwestlich des Ortsteiles Ullach (ca. 875 m); Bahnhaltepunkt Leogang-Steinberge am Beginn der Zufahrtsstraße.
Höchster Punkt: Birnhorn (2634 m).
Hütten: Passauer Hütte (2051 m), DAV, Anfang Juni–Anfang Oktober, Tel. (A)-0664/337 85 29.
Gehzeiten: Ullach – Passauer Hütte 3 Std. – Birnhorn 2 Std. – Passauer Hütte 1 ½ Std. – Ullach 2 Std.; insgesamt 8 ½ Std. (verteilbar auf 2 Tage).
Aufstiegsmeter: Ullach – Passauer Hütte 1170 Hm – Birnhorn 590 Hm.
Skizze: Siehe Seite 177.

Das Birnhorn ist der herausstechende Gipfel der Leoganger Steinberge, der konkurrenzlos alles um sich herum überragt. Damit avanciert er zum mit Abstand bedeutendsten Ziel der Gruppe, ja viele Bergsteiger reduzieren die gesamten Leoganger sogar nur auf diesen Berg. Wie dem auch sei – das Birnhorn ist bestimmt ein Highlight in diesem Führer. Schon der bestens ausgebaute Hüttenweg gestaltet sich mit seinen Prachtblicken in die gewaltige Südwand landschaftlich sehr anregend, wenngleich auch ausgesprochen schweißtreibend. Die Gipfeltour kann dann als Überschreitung angelegt werden, wobei in der Regel der Hofersteig durch das grandiose Felsenfenster des Melkerlochs im Aufstieg gewählt wird und die Route über die Kuchelnieder im Abstieg. Die Felsszenerien gehören zum Großartigsten, was die Nördlichen Kalkalpen zu bieten haben. Und Gleiches gilt für die unbeschreibliche Aussicht ...

Tipp

Zur Passauer Hütte gibt es eine andere Anstiegsmöglichkeit von der Mitterpinzgauer Bundesstraße B 311. Man startet bei einem Parkplatz zwischen Frohnwies und Diesbach (die Variante direkt von Diesbach wurde aufgelassen!), überschreitet hier die Saalach und folgt ein Stück der zu einem Steinbruch führenden Straße, bis rechts der Pfannsteig abzweigt. Serpentinenreich eine Stunde lang im Bergwald empor, dann auf die von Weißbach/Hackerbauer kommende Forststraße. Auf ihr weiter, bei einer Gabelung geradeaus und schließlich wieder auf einen kleinen Steig. Dieser führt oberhalb der Niedergrub durch stark bewachsene Hänge zur Hochgrubalm (ca. 1500 m; Jagdhütte und Quelle). Weiter zu einer kleinen Wiesenmulde und damit endlich in offenes Gelände. Einige Windungen leiten über die Karschwelle der Hochgrub, wo man sich unterhalb des Metzhörndls nun deutlich nach links wendet und das ganze Kar schräg durchmessend auf die Passauer Hütte zuhält. Rund 4 Std. bei 1370 Hm Aufstieg; Bewertung W2.

Zustieg zur Passauer Hütte: Vom Wanderparkplatz mit Markierung 623 kurz in der

59

Nähe des Orgenbachs, dann rechts über einen Wiesenhang in den Wald. Die Abzweigung zum Birnbachloch links liegen lassend steigen wir über den bewaldeten Rücken zwischen dem Eckersbachgraben und dem unter der mächtig aufstrebenden Birnhorn-Südwand gelegenen Orgenkessel bergauf. Weiter oben erreicht der durchgehend gut »in Schuss« gehaltene Steig die Latschenzone und traversiert oberhalb der tiefen Runse nach rechts. Ausgehauene Tritte und Drahtseile erleichtern an manchen Stellen den Aufstieg zum Hochtor, einer kleinen Gratrippe. Kurz zuvor zweigen noch die Verbindung zum Lettlkaser sowie der Leoganger Klettersteig (→Tour 60) ab. Nach dem Überstieg am Hochtor setzt sich der Weg am rechten Rand eines Kartrichters fort und erreicht die Mittagsscharte. Wenige Schritte oberhalb empfängt uns die Passauer Hütte (2051 m).

Gipfelaufstieg: Bei der ersten Weggabelung links und westwärts über Karren gegen das Birnhorn hinauf. Man passiert die Abzweigung zum Hochzint (siehe Tipp) und gelangt über ein Band zum Melkerloch, einem eindrucksvollen Felstor. Wir durchschreiten dieses und queren den folgenden Gratabschnitt auf der Nordseite. Danach führt eine steile Rampe in die Südostflanke zurück. In verwickelter Routenführung – dank der Markierung aber gut zu finden – über ein System markanter Schichtbänder, gestufter

Das prachtvolle Melkerloch wird am Hofersteig durchschritten

Tipp

Wenngleich das Birnhorn das absolute Aushängeschild ist, sollten durchaus noch weitere Gipfel im Umkreis der Passauer Hütte Erwähnung finden. Zum einen bieten sich während der Birnhorn-Überschreitung zwei kleine Abstecher an: Beim Aufstieg, noch vor dem Melkerloch, nach links in wenigen Minuten auf den **Hochzint (2243 m)**, der einen tollen Blick in die riesige Birnhorn-Flanke gewährt. Aus der Kuchelnieder kann man in kurzer, wegloser Kraxelei dem Südwestgrat aufs nahe **Kuchelhorn (2500 m)** folgen. Hier zeigt sich neben den weiten Kesseln des Ebersberg- und Hochgrubkars die düstere Nordseite des Birnhorns besonders eindrucksvoll.
Ein anderer Tipp gilt dem **Dürrkarhorn (2286 m)**, das sich von der Passauer Hütte mit etwas größerem Aufwand besteigen lässt. Man quert zunächst leicht auf- und wieder absteigend das stark verkarstete Gelände der oberen Hochgrub, wobei am Fuß des Birnhorn-Ostgrates auf die Abzweigung nach rechts zu achten ist (die Hauptroute führt zur Kuchelnieder). Die Metzhörndlnieder durchschreitend gelangt man ins Dürrkar und durch dieses – weiterhin über nackte Karrenfelder und Felsbänke – an den Gipfelaufbau heran. Links haltend über eine steile Schuttreiße mühsam aufwärts, dann durch eine Schrofenrinne (heikel bei Nässe!) auf den Westgrat und nach rechts zum Gipfel. Ab Hütte knapp 2 Std. Aufstieg; Bewertung W3–4.

Beim Zustieg zur Passauer Hütte

Felsen und Rinnen bergauf, wobei nach oben hin zunehmend leichte Kletterei (I) erforderlich wird. Ein letztes Band leitet nach links auf eine Gratschulter, von welcher der Gipfel des Birnhorns (2634 m) in Kürze erreicht ist.

Abstieg: Ein paar Schritte zur Gratkante zurück, dann nach rechts auf ein abschüssiges Felsband, das wegen Schuttauflage mit erhöhter Vorsicht zu begehen ist. Bei Schnee oder Vereisung muss von dieser Route abgeraten werden (Schattseite!). Die Abwärtsquerung wird wie üblich durch kurze Felsstufen unterbrochen, ehe man an der Abzweigung zur Ritzenkarscharte vorbei zur Kuchelnieder (2437 m) gelangt. Von dort ostseitig auf steilem Pfad, dann über eine gesicherte Wandstufe in den Karkessel unter dem Birnhorn-Nordabsturz hinab. Über Geröllfelder den Ansatz des Ostgrates umgehen und in dem verkarsteten Terrain der Hochgrub leicht absteigend zur Passauer Hütte. Schließlich auf dem bekannten Hüttenweg zurück ins Tal.

60 Leoganger Klettersteig

Rasante Turnerei an der Westlichen Mitterspitze

K6

6 $^1/_2$ Std.

↑↓1330 Hm

An der Westlichen Mitterspitze lockt der neue Klettersteig

Charakter: Moderner, sehr anspruchsvoller Sportklettersteig, als Überschreitung angelegt und mit Klammern und Drahtseilen solide versichert. Teilweise Kraft raubend und extrem ausgesetzt; Klettertechnik, Armkraft und natürlich absolute Schwindelfreiheit notwendig. Die übliche Klettersteigausrüstung sollte unbedingt durch Expressschlingen ergänzt werden. Länge des Zustiegs beachten.
Bewertung: K6 für den Südklettersteig, K5 für den Abstieg über die Nordroute.
Ausgangspunkt: Leogang, Parkplatz 1 km nordwestlich des Ortsteiles Ullach (ca. 875 m); Bahnhaltepunkt Leogang-Steinberge am Beginn der Zufahrtsstraße.
Höchster Punkt: Westliche Mitterspitze (2160 m).
Hütten: Passauer Hütte (2051 m), DAV, Anfang Juni–Anfang Oktober, Tel. (A)-0664/337 85 29.
Gehzeiten: Ullach – Einstieg 2 $^3/_4$ Std. – Klettersteig Süd – Westl. Mitterspitze 1 Std. – Klettersteig Nord – Passauer Hütte $^3/_4$ Std. – Ullach 2 Std.; insgesamt 6 $^1/_2$ Std.
Aufstiegsmeter: Ullach – Einstieg 1060 Hm – Westliche Mitterspitze – Passauer Hütte 270 Hm.

Klettersteige boomen, fortwährend werden irgendwo in den Alpen neue Linien eingebohrt, wobei man heutzutage vor allem auf Sportlichkeit und Spektakularität Wert legt, manchmal auch auf den einen oder anderen überflüssigen Gag. So haben die modernen Zeiten nun auch die »altehrwürdigen« Steinberge erfasst. An der Westlichen Mitterspitze, in Sichtweite der Passauer Hütte, ist jüngst ein neuer Klettersteig entstanden – einer der erwähnten Gattung selbstverständlich. Hervorzuheben ist, dass man den Gipfel vollständig auf Eisenwegen überschreitet, sehr schwierig im südseitigen Aufstieg und auch nicht ganz ohne im Bergab auf der Nord-

60

seite. Jede Passage hat einen eigenen Namen erhalten. Einschließlich des langen Zustiegs wird eine große Tour daraus.

Zustieg: Von Ullach auf dem üblichen Hüttenanstieg (→Tour 59) Richtung Passauer Hütte, auf Höhe des Hochtores rechts abzweigend zum Einstieg in den Südklettersteig (ca. 1940 m).

Südklettersteig: Über plattigen Fels zur »Rauber Leiter«, dann leicht links ansteigend entlang einem latschenbestandenen Grat zum »Liebeseck«. Über einige Stufen, das absteigende »Grasband«, den »Z-Quergang« und die »Tax-Platte« erreicht man die Schlüsselstelle, den »Bergführerquergang«. Diese rund 15 m lange, überhängende Aufwärtsquerung erfordert viel Kraft (Expressschlinge dringend anzuraten). Schließlich durch einen Kamin zur Gipfelwand und zum Ausstieg auf den Gipfelzacken der Westlichen Mitterspitze (2160 m).

Nordklettersteig: Beim nordseitigen Abstieg folgen Steilstufen und schrofige Absätze dicht aufeinander. Auch hier macht eine »Gipfelwand« den Auftakt. Nach der »Hennerleiter« kommt mit dem »Passauer Steg«, einer Dreiseil-Hängebrücke über eine tiefe Kluft, ein Clou der Route – Nervenkitzel garantiert. »Wendeltreppe« sowie »Überhangl« warten mit teils überhängenden Passagen auf (solide Tritthilfen), dann folgen noch die »Hausl-Variante« und die senkrechte »Einstiegswand«, ehe man am Wandfuß steht. In kurzem Gegenanstieg wird von dort die Passauer Hütte erreicht.

Von Hütte zu Hütte

Wanderungen von Hütte zu Hütte oder gar ausgedehntere Durchquerungen gehören in jeder Gebirgsgruppe zu den absoluten Highlights bergsteigerischer Aktivität. Denn auf den langen, oft hohen Routen bekommt man den ganzen Facettenreichtum geboten, den ein Gebirge auszeichnet und den man an einem einzelnen Berg niemals in vergleichbarer Art und Weise erfassen könnte. Zudem besitzt es einen ganz eigenen Reiz, die Niederungen des Alltags einmal für etliche Tage zu verlassen, sich nur den Gesetzen der Natur sowie dem eigenen Schrittmaß zu unterwerfen und aus dem Wechselspiel von körperlicher Anstrengung und »Seele-baumeln-Lassen« intensive Erlebnisse zu finden und vielleicht auch neue Kraft für den Alltag zu schöpfen. Dass die zivilisierten Täler mit ihrem Komfort während einer »richtigen« Durchquerung unberührt bleiben, ist ein elementarer Leitgedanke dieser Spielform des Unterwegsseins.

Aus diesem Grund wäre es auch etwas übertrieben, die Berchtesgadener Alpen als Dorado für Touren von Hütte zu Hütte zu bezeichnen. Verglichen mit vielen anderen Gebirgen sind die Möglichkeiten hier eingeschränkter, was einfach an der Tatsache liegt, dass wir es in den Berchtesgadenern großteils mit isolierten Bergstöcken zu tun haben und einige davon fast ausschließlich anspruchsvolles Terrain aufweisen (z. B. der Watzmannstock). Für die Loferer und Leoganger Steinberge gilt dies ebenfalls; dort fehlen Hüttenverbindungen sogar gänzlich. Doch Ausnahmen bestätigen die Regel: Speziell im südlichen Teil der Berchtesgadener Alpen besteht ein Zusammenschluss einiger Untergruppen über echte Höhenwege, auch wenn diese durch das Karstterrain eine besondere Eigenart erfahren. So kann zumindest das Steinerne Meer als Top-Adresse für Hüttenwanderer gehandelt werden, sind die verschiedenen Stützpunkte in diesem Revier doch optimal vernetzt.

Das Riemannhaus mit dem Breithorn dahinter

Um den gebotenen Möglichkeiten gerecht zu werden, hat der Verfasser zwei verschiedene Durchquerungen konzipiert, die sich an einer einzigen Stelle berühren. Mit etwas Planungsgeschick kann man sie natürlich auch untereinander noch kombinieren. Als Erstes wird die große Umrundung der Königsseefurche vorgestellt. Sie führt aus dem Jennergebiet (oder eventuell schon über den Göllstock) ins westliche Hagengebirge und tritt im Bereich der Röth ins Steinerne Meer über, wo ein Bogen von der Wasseralm über das Kärlingerhaus zum Ingolstädter Haus geschlagen wird. Anschließend wird der Übergang ins Wimbachtal anvisiert, ehe es je nach Lust und Laune noch via Blaueishütte bis in die Ramsau geht. Die zweite Tour führt auf einer südlicheren Linie durch das gesamte Steinerne Meer und findet ihre logische Fortsetzung am Hochkönig-Massiv, das ebenfalls vollständig überschritten wird. Es ist aber zu betonen, dass einige der Übergänge nichts für Gelegenheitswanderer sind.

61 Rund um den Königssee

Auf einer großen Reibn vom Göll zum Hochkalter

mind. W3–4

5–7 Tage

↑5000 Hm
↓5800 Hm

Charakter: Bis zu einer Woche ausdehnbare Durchquerung mit einigen Anforderungen bezüglich Trittsicherheit und Ausdauer, aber auch kürzeren Etappen zwischendurch. Alle Routen sind durchgängig markiert und gut zu verfolgen (aufpassen bei Nebel!). Für reine Wanderer sind jedoch speziell die Abschnitte 1 und 5b mit großer Vorsicht zu genießen (solide Bergerfahrung und Gewandtheit im Steilgelände erforderlich); sonst nur selten ausgesetzte Passagen.
Bewertung: Göll-Überschreitung FK4; alle Übergänge bis zum Ingolstädter Haus W2 oder max. W2–3; zur Wimbachgrieshütte W3 (Hundstodgatterl) bzw. WF4 (Loferer Seilergraben); weiter zur Blaueishütte W3–4.
Ausgangspunkt: Ahornkaser (1541 m) an der mautpflichtigen Rossfeld-Höhenringstraße (Bus von Berchtesgaden); bei Auslassung des ersten Abschnitts: Jenner-Bergstation (1802 m).
Endpunkt: Ramsau (670 m); Busverbindung nach Berchtesgaden.
Höchster Punkt: Je nach Variante Hoher Göll (2522 m), Niederbrunnsulzen (2369 m) oder Schneibstein (2276 m).
Hütten: Purtschellerhaus (1692 m), DAV, Mitte Mai–Ende Oktober, Tel. (D)-08652/24 20; Stahlhaus (1728 m), ÖAV, ganzjährig bew., Tel. (D)-08652/27 52; Wasseralm (1416 m), DAV, einfach bewartet Mitte Juni–Anfang/Mitte Oktober; Kärlingerhaus (1630 m), DAV, Anfang Juni–Mitte Oktober, Tel. (D)-08652/29 95; Ingolstädter Haus (2119 m), DAV, Mitte Juni–Anfang Oktober, Tel. (A)-06582/83 53; Wimbachgrieshütte (1327 m), TVN, Anfang Mai–Mitte/Ende Oktober, Tel. (D)-08657/344; Blaueishütte (1680 m), DAV, Mitte Mai–Mitte Oktober, Tel. (D)-08657/271.
Gehzeiten: Rossfeldstraße – Hoher Göll – Stahlhaus 7 Std. – Wasseralm 6 Std. – Kärlingerhaus 3 ½ bzw. 5 ½ Std. – Ingolstädter Haus 2 ½ Std. – Wimbachgrieshütte 3 ½ bzw. 4 ½ Std. – Blaueishütte 6 Std. – Ramsau 1 ½ Std.; insgesamt ca. 30–33 Std. verteilt auf 5–7 Tage.
Aufstiegsmeter: Rossfeldstraße – Stahlhaus 1300 Hm – Wasseralm 950 Hm – Kärlingerhaus 650 bzw. 1030 Hm – Ingolstädter Haus 600 Hm – Wimbachgrieshütte 250 bzw. 480 Hm – Blaueishütte 1230 Hm.

Diese Tour, die in großem Halbkreis um den Königssee (einschließlich Watzmann) führt, ist sicherlich so etwas wie das »Standardunternehmen« der Weitwanderer. Viele starten sie mit einer bequemen Seilbahnfahrt zum Jenner, von wo das Stahlhaus rasch erreicht ist. Wer indessen Anspruchsvolleres nicht scheut, kann ohne Weiteres die großartige Göll-Überschreitung voranschalten und würde dann bereits am Purtschellerhaus oder alternativ am Kehlstein beginnen. Vom Stahlhaus geht es via Schneibstein und Hochgschirr zur Wasseralm, an der Nahtstelle zwischen Hagengebirge und Steinernem Meer gelegen. Für den folgenden Übergang zum Kärlingerhaus stehen mit Halsköpfl und Niederbrunnsulzen zwei interessante Varianten offen. Nach einer kurzen

Etappe zum Ingolstädter Haus verlassen wir das Steinerne Meer entweder über Hundstodgatterl und Trischübl oder auf der anspruchsvollen Route durch den Loferer Seilergraben. Von der Wimbachgrieshütte kann man die Tour dann durchs imposante Wimbachtal abschließen oder sich auf einen letzten anstrengenden Übergang via Schärtenspitze zur Blaueishütte begeben. Endpunkt ist in diesem Fall Ramsau. Alles zusammen bietet genügend »Stoff« für bis zu einer Woche toller Wandererlebnisse, die uns die Berchtesgadener Bergwelt in einzigartiger Weise nahe bringen. 61

1. Abschnitt: Rossfeldstraße – Stahlhaus: Eine ausführliche Beschreibung dieser schwierigen Auftaktetappe findet sich bei Tour 9, worauf hier aus Platzgründen verwiesen wird. Wer sie auslassen möchte, fährt von Dorf Königssee mit der Seilbahn zum Jenner hinauf und wandert gemütlich in 1/2 Std. zum Stahlhaus (1728 m) hinüber.

2. Abschnitt: Stahlhaus – Wasseralm: Mit der Markierung 416 südostwärts eine Latschenzone durchqueren und nachfolgend steiler zu den freien Schrofenhängen in der Nordwestflanke des Schneibsteins (2276 m) hinauf. Allmählich links eindrehend wird ohne Schwierigkeiten der plateauartige Gipfel gewonnen. Wir überschreiten diesen in südwestliche Richtung und steigen rechts an der Windscharte vorbei in eine seichte Gasse ab, die uns schließlich zum malerischen Seelein (1809 m) bringt. Im Gegenanstieg geht es über die steinige Einsattelung des Hochschirr (1949 m) ins jenseitige Landtal. Die Abzweigung nach rechts unbeachtet lassend (sie führt in Richtung Gotzenalm)

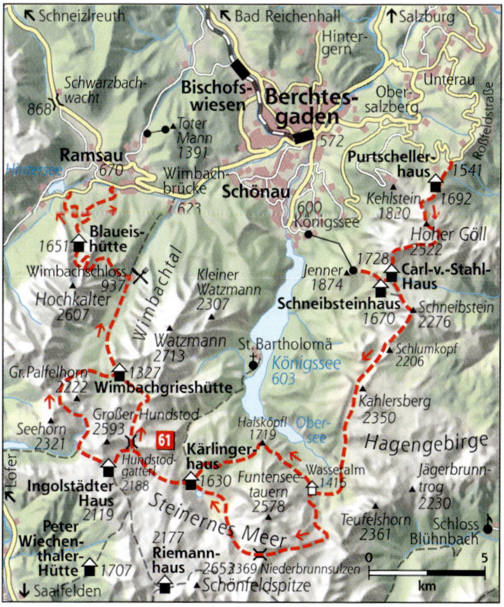

61

in dem lang gezogenen Karschlauch bis weit über die verfallene Landtalalm hinaus in den bewaldeten Bereich abwärts. Bei P. 1215 verzweigen sich die Wege; für uns setzt hier die Traverse oberhalb der Röthwände an, die mit schönen Durchblicken zum Obersee südwärts wieder ein gutes Stück ansteigt und schließlich im Rechtsbogen bei der Wasseralm (1416 m) ausläuft.

3. Abschnitt: Wasseralm – Kärlingerhaus: *a) über Halsköpfl:* Hierbei handelt es sich um die kürzere und niedrigere, im überwiegend bewachsenen Terrain verlaufende Route (immer noch Nr. 416). In Grundrichtung Nordwest geht es über die ehemalige Walchhüttenalm sowie an einem Felssockel entlang allmählich ansteigend bis zu einer markanten Geländerippe, die topografisch als äußerster Nordausläufer des mächtigen Funtenseetauern zu erkennen ist. Ein paar Schritte nach Norden wartet am Halsköpfl (1719 m) einer der großartigsten Königssee-Blicke überhaupt, den man nicht versäumen sollte. Auf der Westseite der Rippe verliert man anschließend wieder deutlich an Höhe, passiert den Schwarzsee (1568 m) und kommt zur Einmündung des Sagerecksteigs. Gemeinsam über einen schwach ausgeprägten Sattel und rechts an der Grünseemulde vorbei. Ein steiler Gegenanstieg bringt uns in die Zirmau, ehe zuletzt auf den viel begangenen Saugassen-Anstieg einmündend das stattliche Kärlingerhaus (1630 m) erreicht wird.

Hohes Brett und Torrener Joch beim Anstieg zum Schneibstein

b) über Niederbrunnsulzen: Dieser Übergang führt mitten hinein in die faszinierende Karstlandschaft des Steinernen Meeres. Bei der Diensthütte auf der Wasseralm halten wir uns südwärts und steigen auf der linken Seite der Hocheckwände durch einen großen Geländeeinschnitt und immer häufiger über Karren zur Blauen Lacke (1816 m) an. Das kleine Gewässer liegt in einer tiefen

Mulde. Mit Blick auf das Albriedlhorn noch ein gutes Stück in gleicher Richtung weiter, ehe die Route einen deutlichen Rechtsschwenk vollzieht, nach dem sofort die winzige Schäferhütte (1955 m, unverschlossener Notunterschlupf) auftaucht. In der Folge öffnet sich westwärts die Lange Gasse. Nach einigem Bergauf tritt der markante Wildalmrotenkopf ins Blickfeld, unter dem es nun im Bereich einer lang gezogenen Mulde vornehmlich über wasserzerfressenen Fels leicht aufwärts geht. Richtpunkt ist die Einsattelung der Niederbrunnsulzen (2369 m), die zuletzt über einen steileren Schnee- oder Schutthang gewonnen wird. Die neue Szenerie im Westen wird von der Schönfeldspitze dominiert. Wir steigen recht steil abwärts, nehmen den von der Buchauer Scharte resp. Hochbrunnsulzen kommenden Weg auf und gelangen zum Toten Weib (2087 m), einer Steinformation, die sich genau auf der Landesgrenze befindet. Von dort weiter durch den anfangs ziemlich holprigen Stuhlgraben abwärts und mit einem Linksknick zum unteren Ende des Baumgartls, wo wir auf den Verbindungsweg Riemannhaus – Kärlingerhaus treffen. In die weite, offene Funtenseemulde absteigend ist Letzteres dann bald erreicht.

4. Abschnitt: Kärlingerhaus – Ingolstädter Haus: Der kurze, nicht sonderlich beschwerliche Übergang folgt gleich hinter der Hütte dem links abzweigenden Weg 412 und führt an der Abzweigung zum Viehkogel vorbei westwärts hinauf zum Hirschentörl (1876 m). Jenseits etwas absteigend in die Mulde der Schönbichlalm, die rechts haltend durchmessen wird, ehe der Weg (jetzt Nr. 420) gegen das Hundstod-Massiv wieder ansteigt. Am Fuß der steilen Schneiber-Südflanke kommt man zur Abzweigung Richtung Hundstodgatterl, der man gleich folgen könnte, falls noch am selben Tag die Wimbachgrieshütte das Ziel ist. Sonst bleibt man auf der Südseite und erreicht in einem Linksbogen leicht aufwärts das Ingolstädter Haus (2119 m).

5. Abschnitt: Ingolstädter Haus – Wimbachgrieshütte: *a) über Hundstodgatterl*: Zunächst ½ Std. zurück zur Abzweigung. Dort scharf links und über steile, etwas mühsam zu bewältigende Schrofen und Karren zum Hundstodgatterl (2188 m) hinauf (Route 411). Jenseits links haltend abwärts in die oberen Hundstodgruben, wo man auf eine bessere Wegspur trifft. Über mehrere kleine Geländeschwellen hinweg und dann steiler bis in die untere, be-

In einem abgelegenen Teil des Steinernen Meeres, am Weg zur Niederbrunnsulzen

grünte Hundstodgrube hinab. In kurzem Gegenanstieg nach rechts aus ihr heraus und über Latschenhänge weiter abwärts bis zum Trischüblpass (1764 m). Von dort folgen wir dem gut ausgebauten Steig 421, der in einer Rechtstraverse zum Banngraben und schließlich flach auslaufend ins Wimbachgries zur gleichnamigen Hütte zieht.

b) über Wimbachscharte: Diese Variante ist – namentlich beim Abstieg durch den brüchigen Loferer Seilergraben – deutlich schwieriger und daher nur versierten Berggehern zu empfehlen. Die Eindrücke sind aber noch vielgestaltiger, wenn man beispielsweise an die malerische Hochwies oder die beeindruckend wilde Szenerie im Bereich der Südlichen Wimbachkette denkt. Vom Ingolstädter Haus folgen wir dem Hüttenweg nach Westen bis über die Mitterkaserwand hinaus abwärts. In der Nähe einer kleinen Klamm zweigt rechts der Aufstieg zur abgelegenen Hochwies ab, die zwischen Hundstod und Seehorn einen flachen, von einem verästelten Bachlauf durchzogenen Boden bildet: ausgesprochen idyllisch! Wir überschreiten gleich vorn den Bach und halten uns ganz am linken Rand, gehen um die Kante des Kasereggs herum und streben schließlich aus dem hintersten Winkel der Hochwies links bergauf. Im Bereich eines seichten Grabens, später

61

über Geröll und Schrofen, wird die Höhe der Kematenschneid (P. 2159, Übergang vom Seehorn) gewonnen. Dies ist der eigentliche Scheitelpunkt der Etappe, wenngleich die Wimbachscharte (2028 m) noch ein Stück weit nördlich liegt und in kurzem Abstieg über Schutt erreicht wird. Dort befindet sich der Einstieg in den Respekt heischenden Loferer Seilergraben. In dem steilen Trichter hält man sich zunächst an eine schuttbedeckte Rippe zwischen zwei Furchen. Im mittleren Teil erwarten uns dann einige Felsstufen, die sogar etwas Kraxelei (I) erfordern. Weiter unten eine Runse nach rechts überschreiten und durch den extrem geröllerfüllten Graben hinaus in das sich öffnende Wimbachgries. Über die gewaltigen, flachen Schuttströme leitet die Markierung schließlich rechts hinüber zur Wimbachgrieshütte (1327 m).

6. Abschnitt: Wimbachgrieshütte – Blaueishütte: Abermals eine sehr abwechslungsreiche, im Aufstieg zur Eisbodenscharte aber auch mühsame Etappe. Zunächst geht es eine ganze Weile (ca. 4 km) flach durchs Wimbachtal hinaus – Warmlaufprogramm für den Steilaufstieg, der unmittelbar vor dem Wimbachschloss (937 m) nach links abzweigt. In dem schluchtartigen Einschnitt zwischen Schottmalhorn und Stanglahnerkopf windet sich Steig 486 bis zur Hochalmscharte (1599m) empor. Dort angelangt, gibt man Acht, nicht an Höhe zu verlieren (die Hauptroute führt über die Hochalm abwärts), sondern quert insgesamt leicht ansteigend gegen die Ostabstürze der Schärtenspitze. Man stößt schließlich auf die markierte Route, die unterhalb der Wände über zunehmendes Geröll aufwärts zieht und durch eine brüchige, mit Sicherungen versehene Steilrinne die Eisbodenscharte (2049 m) gewinnt. Nun entlang dem Grat bis wenige Meter vor den Gipfel der Schärtenspitze (2153 m), den wir natürlich mitnehmen. Der Abstieg zweigt links ab und führt durch die schrofige Westflanke (Drahtseile an wenigen schwierigeren Stellen) hinab ins Blaueiskar, an dessen unterem Rand sich die Blaueishütte (1680 m) befindet.

7. Abschnitt: Blaueishütte – Ramsau: Nur noch Abstieg auf dem üblichen Hüttenweg. Ein Stück unterhalb der Schärtenalm (1326 m) kann man sich zwischen zwei Varianten entscheiden: entweder über Nr. 482 weiter zum Parkplatz Seeklause nahe des Hintersees oder über Nr. 485 direkt hinab nach Ramsau.

62 Über Steinernes Meer und Hochkönig

Die große Durchquerung der südlichen Berchtesgadener Alpen

WE3–4

4–5 Tage

↑2700 Hm
↓2600 Hm

Charakter: Mehrtägige Durchquerung auf durchwegs markierten Routen, deren Anforderungen Richtung Hochkönig allmählich deutlich zunehmen. In den weitläufigen Karstgebieten ist Orientierungsgabe vonnöten, besonders bei Nebel herrscht Verirrungsgefahr. Zudem können Wegstrecken leicht unterschätzt werden. Überwiegend sehr steiniges Gelände, die schwierigsten Passagen liegen zwischen Wildalmkirchl-Biwak und Matrashaus (vereinzelte Stellen I, Eis am Hochkönig). Wichtigste Voraussetzung dürfte aber eine gute Kondition sein.
Bewertung: Aufstieg Ingolstädter Haus sowie Eichstätter Weg zum Riemannhaus W2, weiter bis Wildalmkirchl-Biwak W2–3, über Brandhorn zur Torscharte W3–4, Herzogsteig zum Matrashaus und Abstieg zum Arthurhaus jeweils WE3.
Ausgangspunkt: Dießbach-Stausee (1415 m), erreichbar mit Kleinbus von Weißbach (665 m); nähere Infos beim Gasthaus Lohfeyer, Tel. (A)-06582/83 55, www.gasthaus-lohfeyer.at.
Endpunkt: Arthurhaus (1502 m) am Ende der Mandlwandstraße von Mühlbach. Für die Rückfahrt nach Weißbach stehen Busverbindungen (via Saalfelden) zur Verfügung.
Höchster Punkt: Hochkönig (2941 m).
Hütten: Ingolstädter Haus (2119 m), DAV, Mitte Juni–Anfang Oktober, Tel. (A)-06582/83 53; Riemannhaus (2177 m), DAV, Mitte Juni–Anfang Oktober, Tel. (A)-0664/211 03 37; Biwak am Wildalmkirchl (2457 m), ÖTK, stets offene Unterkunft für Selbstversorger (8 Plätze); Matrashaus (2941 m), ÖTK, Mitte Juni–Mitte Oktober, Tel. (A)-06467/75 66; Arthurhaus (1502 m), privat, ganzjährig bew. außer November und Mai, Tel. (A)-06467/72 02.
Gehzeiten: Dießbach-Stausee – Ingolstädter Haus 2 ½ Std. – Riemannhaus 3 Std. – Wildalmkirchl-Biwak 4 ½ Std. – Matrashaus 5 ½ Std. – Arthurhaus 4 Std.; insgesamt ca. 19 ½ Std. verteilt auf 4–5 Tage.
Aufstiegsmeter: Dießbach-Stausee – Ingolstädter Haus 750 Hm – Riemannhaus 400 Hm – Wildalmkirchl-Biwak 550 Hm – Matrashaus 950 Hm – Arthurhaus 50 Hm.

Es wurde in diesem Führer schon vielfach von der phänomenalen Karstlandschaft berichtet, welche die Berchtesgadener Alpen in weiten Bereichen auszeichnet. Wer sich diesbezüglich einmal einen richtigen »Knüller« gönnen möchte, kann zu einer ausgedehnten Durchquerung einiger der wildesten und ursprünglichsten Ecken aufbrechen. Diese vier- bis fünftägige Route (von alpinen Dauerläufern vielleicht auch in drei strammen Tagen zu schaffen) durchmisst die gesamte Strecke vom Westende des Steinernen Meeres bis zum Ostende des Hochkönigstocks. Sie folgt dabei die meiste Zeit dem Nordalpinen Weitwanderweg mit der Nummer 401. Der Auftakt zum Ingolstädter Haus sowie der nachfolgende Eichstätter Weg hinüber zum Riemannhaus präsentieren sich noch recht kommod, wenngleich der Landschaftsrahmen

schon deutlich an Strenge gewinnt. Doch auf dem Weg Richtung Osten wird es allmählich immer einsamer und anspruchsvoller, namentlich auf dem Abschnitt über das Brandhorn und den Herzogsteig bis zum Eis der Übergossenen Alm. Im östlichen Steinernen Meer steht dabei nur das Wildalmkirchl-Biwak als (unbewirtschafteter) Stützpunkt zur Verfügung – wichtig für all jene, die den Marathon vom Riemann- zum Matrashaus nicht an einem Tag schaffen. Wesentlich belebter geht es dann natürlich wieder im Umkreis des Hochkönigs zu, dem absoluten Höhepunkt der Tour. Auf der Normalroute durchs Ochsenkar steigen wir schließlich zum Zielort am Arthurhaus ab.

1. Abschnitt: Weißbach – Ingolstädter Haus: Von Weißbach im Saalachtal können wir eventuell ein Wandertaxi bis zum Dießbach-Stausee (1415 m) nutzen; anschließend Zustieg bis zum Ingolstädter Haus (2119 m) wie bei Tour 31 beschrieben.

2. Abschnitt: Ingolstädter Haus – Riemannhaus: Dieser gut ausgebaute Höhenweg trägt den eigenen Namen Eichstätter Weg. Er führt ohne besondere Schwierigkeiten in leichtem Auf und Ab über die verkarstete Hochfläche und wird dabei rechts von den südwestlichen Randgipfeln des Steinernen Meeres begleitet. Vom Ingolstädter Haus halten wir uns in Grundrichtung Südsüdost. Nach der Abzweigung zum Schindlkopf werden nachfolgend im Wesentlichen drei Mulden durchschritten, ehe der Weg etwas deutlicher ansteigt. Am Praterstern (Wegscheid, 2150 m) kreuzen wir die Verbindung Wiechenthaler-Hütte – Weißbachlscharte – Kärlingerhaus (Nr. 412), bleiben unserer Richtung und der Be-

62

zeichnung 401 aber treu. In weiterem leichten Anstieg erreichen wir an der Aulhöhe (2309 m) eine seichte Geländeschwelle und den Scheitelpunkt der Strecke. Jenseits über zerklüftete Karren abwärts bis zum Riemannhaus (2177 m).

Unterm Wildalmkirchl befindet sich eine nützliche Biwakhütte.

3. Abschnitt: Riemannhaus – Wildalmkirchl-Biwak: Der 401er-Weg führt vom Riemannhaus über nacktes Gestein weiter nach Osten und in großem, links ausholendem Bogen um die Schönfeldspitze herum. Dabei queren wir über Schuttfelder unter dem Nordsporn des markanten Gipfels hindurch, während die begrünte Schönfeldgrube links unterhalb bleibt. Nachdem von links ein Weg vom Kärlingerhaus aufgenommen ist, geht es in karsttypischem Auf und Ab weiter bis in die seichten Mulden nördlich der Buchauer Scharte. Wer als zünftige Variante die Überschreitung der Schönfeldspitze (→Tour 28) plant, fädelt hier wieder in den Hauptweg ein. Nun links haltend zum so genannten Brandenberger Tor, wo sich die Wege erneut gabeln. Der unsrige führt wieder rechts weiter und gewinnt im Aufstieg den markanten Einschnitt der Hochbrunnsulzen (2356 m) am Kreuzungspunkt mehrerer Routen. Jenseits schwach rechts abwärts in die Wasserfallgrube (Einmündung des von der Wasserfallscharte kommenden Weges 426) und in unveränderter Richtung um den Scheereck-Nordausläufer herum in die nächste Karstmulde. Aus ihr heraus wird in teilweise etwas steilerem Gegenanstieg eine Rippe erreicht, auf der wenig höher das behagliche Wildalmkirchl-Biwak (2457 m) steht.

4. Abschnitt: Wildalmkirchl-Biwak – Matrashaus: Das ist die Fortsetzung des großen Übergangs vom Riemann- zum Matrashaus, für den man in einem Zug 10 Std. einplanen sollte! Zunächst über abschüssige Karren südostwärts ins nahe Mittagsschartl und anschließend vornehmlich über Schutt zum Brandhorn (2609 m) hinauf. Auf der anderen Seite über den breiten Ostgrat bergab, das

62

Kleine Brandhorn nordseitig oberhalb einer Karmulde queren und über ein schmales Gratstück sowie eine Einschartung in leichteres Gelände. Nach kurzem Aufstieg das Geigenschartl tangierend und dem Marterlkopf links ausweichend bis zu einem Steilabbruch. Hier im Bereich einer Rinne abklettern (I) und weiter auf den zur Hohen Torscharte (2292 m) auslaufenden Geröllhang. Links um den Torkopf herum noch etwas absteigend zur Niederen Torscharte (2246 m), die von einer Starkstromleitung überspannt wird und zu der ein Weg von Hintertal heraufkommt. Wir folgen weiter der Route 401, welche nun den Namen Herzogsteig trägt. Mittels einer aufsteigenden Querung über diverse Felsstufen und Bänder (z. T. gesichert) wird das Nordeck des Hochseilers umgangen, bevor der Steig an einer markanten Geländekante nach rechts (südwärts) abknickt. Im Auf und Ab über einige Steinbänke, dann allmählich links haltend steiler gegen die Firnfelder der Übergossenen Alm hinauf. Falls Blankeis auftritt, können Steigeisen erforderlich sein. Man dreht zunehmend nach Osten ein, passiert die Teufelslöcher, den Lammkopf (2846 m, kurzer Abstecher) und die Birgkarscharte, um schließlich das letzte Stück zum Matrashaus am Gipfel des Hochkönigs (2941 m) aufzusteigen.

Felsszenerie am Herzogsteig

5. Abschnitt: Matrashaus – Arthurhaus: Zum Vergleich siehe Tour 20. Vom Matrashaus ostwärts über die gesicherte Helmut-Müntzer-Stiege hinab. Man traversiert nun längere Zeit durch das von Kuppen und Mulden geprägte Gelände im östlichen Teil der Übergossenen Alm. Eisfelder lassen sich teilweise, aber nicht immer umgehen. Später über eine Geländestufe steiler ins Obere Ochsenkar hinab, dort links haltend hart an der Torsäule entlang und am Rande des Unteren Ochsenkars weiter absteigend. Man passiert die Gaißnase und erreicht via Mitterfeldalm (1670 m) auf gutem Weg den Endpunkt am Arthurhaus (1502 m).

DER AUTOR

Mark Zahel, geboren 1972, ist seit seiner Jugend leidenschaftlicher Bergsteiger. Jedes Jahr durchstreift er monatelang die Alpen und entwickelt daraus eine intensive publizistische Tätigkeit. Mit regelmäßigen Veröffentlichungen in Fachmagazinen sowie mehreren Büchern, etwa den opulenten »Traumpfade«-Bildbänden, hat er sich als Fotograf und Autor einen Namen gemacht. Zuletzt erschien bei Bruckmann unter anderem der Tourenbildband »Die schönsten Gipfel zwischen Bodensee und Wien«.

Ein kostenloses Gesamtverzeichnis erhalten Sie beim
Bruckmann Verlag
D-81664 München

www.bruckmann.de
www.bergsteiger.de

Lektorat: Solveig Michelsen, München
Layout: BUCHFLINK Rüdiger Wagner, Nördlingen
Repro: Scanner Service S.r.l.
Kartografie: Rolle-Kartografie, 83607 Holzkirchen
Herstellung: Thomas Fischer

Alle Angaben dieses Werkes wurden vom Autor sorgfältig recherchiert und auf den aktuellen Stand gebracht sowie vom Verlag geprüft. Für die Richtigkeit der Angaben kann jedoch keine Haftung übernommen werden. Für Hinweise und Anregungen sind wir jederzeit dankbar. Bitte richten Sie diese an:
Bruckmann Verlag
Lektorat
Innsbrucker Ring 15
D-81673 München
E-Mail: lektorat@bruckmann.de

Bildnachweis: Alle Aufnahmen stammen vom Autor.
Umschlagvorderseite: Am Gipfel der Watzmann-Mittelspitze
Umschlagrückseite: Der Hohe Göll aus dem Salzachtal gesehen
Seite 1: Ameisnockenkopf beim Aufstieg zur Mayrbergscharte; im Hintergrund die Hohen Tauern

Die Deutsche Bibliothek – CIP-Einheitsaufnahme
Ein Titeldatensatz für diese Publikation ist bei der Deutschen Bibliothek erhältlich.

Printed in Italy by Printer Trento S.r.l.
ISBN 3-7654-4320-4